살림/살이
경제학을 위하여

살림/살이 경제학을 위하여

ⓒ 홍기빈, 2012

초판 1쇄 펴낸날 / 2012년 3월 10일
초판 3쇄 펴낸날 / 2015년 3월 20일

지은이 / 홍기빈
펴낸이 / 이동국
펴낸곳 / (사)한국방송통신대학교출판문화원
　　　　주소　서울특별시 종로구 이화장길 54 (110-500)
　　　　대표전화　1644-1232
　　　　팩스　(02) 742-0956
　　　　http://press.knou.ac.kr
　　　　출판등록　1982년 6월 7일 제1-491호

편집 / 장응수
북디자인 / (주)하람커뮤니케이션
인쇄 / 삼성인쇄(주)

ISBN 978-89-20-00734-7 03320
값 10,000원

- 이 책의 내용에 대한 무단 복제 및 전재를 금하며 저자와 (사)한국방송통신대학교출판문화원의 허락 없이는 어떠한 방식으로든 2차적 저작물을 출판하거나 유포할 수 없습니다.
- 잘못 만들어진 책은 바꾸어 드립니다.

살림/살이
경제학을 위하여

홍기빈 지음

지식의날개

신들께서 사람들의 살림살이를 감추어 버렸으므로……

―헤시오도스, 「신통기」 97:42

들어가며

이 책은 지금까지 약 300년 간 존재해 온 경제학을 근본적으로 대체할 새로운 경제학을 찾고자 하는, 나의 실로 보잘 것 없지만 오래된 고민의 한 결과물이다. 21세기의 인류가 처해 있는 여러 문제들과 도전들은 인간 사회에서 경제가 차지하는 위치 그리고 그것을 조직하는 방식과 조직 원리를 바라보는 인류의 사고방식에 있어서 획기적인 전환을 이룰 때에만 가능하다는 것이 나의 믿음이다. 그리고 이러한 획기적인 전환은 지난 300년간 근대인들의 사고방식을 하나의 쇠우리(iron cage)처럼 꽁꽁 가두어 놓고 있는 기존의 정치경제학 혹은 경제학의 틀로는 (주류 경제학과 마르크스주의 경제학 모두) 결코 가능하지 않다는 것 또한 나의 믿음이다. 이 책에서 나는 '살림/살이 경제학'의 존재를 확인하고 이것을 발전시켜야 한다고 제창하고자 한다. 이 말의 뜻을 좀 더 확연하게 밝히기 위하여 나는 지난 300년간 근대 문명의 사고방식을 지배해 왔고 현재도 유일무이의 진리처럼 대학에서 가르쳐지고 있는 '돈벌이 경제학' — 비록 경제학(economics)이라는 이름을 띠고는 있지만 — 과의 차별성 속에서 '살림/살이 경제학'의 존재와 그 의미의 일단을 밝혀보고자 한다.

이 '살림/살이 경제학'을 확립하고 발전시킨다는 과제는 지나간 300년간의 경제 사상의 아성을 많은 부분에서 완전히 부정하고 근본으로부터 허물어버리는 작업을 내포하고 있으므로 나같이 재주와 공부가 얕고 짧은 사람이 이야기를 꺼내기조차도 섣불리 용기가 나지 않는 일이다. 하지만 칼 폴라니(Karl Polanyi)의 저작을 처음으로 만나게 된 16년 전부터 지금까지 여러 부침(浮沈)과 우여곡절은 있었어도 나의 생각의 흐름은 이 '살림/살이 경제학'이라는 말을 결코 떠날 수가 없었다. 앞으로도 아주 많은 작업이 필요하겠지만, 세계적인 경제 위기 속에서 지나간 30년 동안 인류의 의식을 지배했던 시장 만능주의 경제 사상이 모든 이들로부터 근본적인 회의를 사고 있는 지금이, 이 말을 최소한 토해내기라도 해야 할 최적의 시점이라는 생각이 들어 이 책을 쓰게 되었다. 정확히 언제가 될지 기약할 수는 없으나, 머지 않은 시점에 '살림/살이 경제학'을 더욱 심화 발전시키는 데 도움이 될 수 있는 글들을 계속해서 써낼 것임은 물론이다.

내가 쓰는 '살림/살이 경제학'이라는 말은 칼 폴라니나 윌리엄 캅(Karl William Kapp) 등이 '형식 경제학(formal economics)'과 구별되는 것으로 사용했던 '실체적 경제학(substantive economics)'과 거의 동일한 의미다. 내가 이들의 용어를 그대로 쓰지 않고 전자를 '돈벌이 경제학,' 후자를 '살림/살이 경제학'이라는 명칭으로 지칭하는 것은 내 생각을 무언가 독창적인 것처럼 보이게 하려는 의도가 아니다. 사람들 특히 한국 사람들이라면 배웠든 못 배웠든 누구나 단번에 그 핵심을 이해할 수 있는 평이한 언어로 두 사람의 용어에 담겨 있는 생각을 전달하고 싶어서다. 이 책 또한 엄밀하게 개념을 규정하고 거기에 수반되는 숱한 이론적 실증적 문제들을 철저하게 규명하는 것을 목적으로 삼고 있지 않다. 하늘과 땅 사이에 숨을 쉬면서 남을 살리고 또 자신도 살아야 하는, 즉 살림/살이를 해야 하는 이들이라면 누구나 이해하고 공감할 수 있는 이야기들을 통하여 '돈벌이 경제학'에 찌든 사고방식을 성찰하게 하는 것이 목적이다. 그 과정에서 이 책을 읽은 이들이 지금까지 배워 왔던 경제학이라는 것을 넘어서서 진정 인간의 살림/살이를 풍요롭고도 인간다운 것으로 만들기 위한 고민으로서의 경제학은 따로 있으며, 그것을 다함께 고민하여 발전시켜야 한다는 필요를 느끼게 되기만 한다면 더 바랄 나위가 없다. 그러한 살림/살이 경제학을 본격적으로 발전시키는 작업은 어차피 복잡하고도 엄밀한 논증을 필요로 하는 것이며 다른 기회에 다른 방식으로 전개해나가면 되니까.

 이 책은 네 덩어리로 구성되어 있다. 1장에서는 인간의 생활에는 돈벌이 경제와 구별되는 의미에서의 살림/살이 경제라는 것이 존재한다는 것을 분명히 하고자 하는 대목이다. 2장에서는 이러한 살림/살이 경제를 중심으로 구성되었던 고대와 중세의 경제 사상을 먼저 이야기하고서, 현대 경제학으로 들어서면서 돈벌이 경제가 중심이 되어 살림/살이 경제를 그 하부로 포섭하는 과정에서 우리가 우리의 경제적 생활 세계를 바라보는 데서 벌어진 '폐색'을 지적하고자 한다. 3장에서는 그러한 흐름에도 불구하고 살림/살이 경제의 존재를 명확하게 인식하여 그 개념적 기초를 마련하는 데 큰 공헌을 했던 몇 명의 경제 사상가들에 대해 간단히 살펴본다. 마지막으로 4장에서는 살림/살이 경제학을 구성함에 있어서 어떤 내용이 핵심적 원리가 될지를 몇 가지만 살펴볼 것이며, 주로 개인의 삶에서의 경제생활의 재구성이라는 차원으로 이야기를 풀 것이다. 이 책은 살림/살이 경제의 재구성과 그것을 제대로 이론화하고 연구할 수 있는 살림/살이 경제학의 재구성의 필요를 이야기하는 책이다. 그러다보니 약간은 내용이 두 덩어리로 이분화되어 있는 느낌을 스스로 지울 수가 없다. 이 책의 2장과 3장은 주로 경제 사상사에서 살림/살이 경제학의 소멸과 재구성의 논의를 살펴보는 것이므로 경제학설사에 대해 어느 정도의 지식을 갖지 않은 이들은 부담스러울 수도 있겠다. 그런 분들에게는 1장을 읽은 뒤 바로 4장을 읽어보기를 권하고 싶다.

내가 살림살이라는 말 가운데에 굳이 빗금을 쳐서 '살림/살이'로 쓰는 것에 대해 약간의 설명을 붙이기로 한다. 내가 이 '살림살이 경제학'이라는 이름을 생각하게 된 계기는 칼 폴라니의 유저(遺著) 『인간의 살림살이(*The Livelihood of Man*)』였다. 하지만 생각해볼수록 우리말 살림살이는 재미난 말이었다. 비록 모두 너무나 일상적이고 범상하게 여겨 깊이 생각하지 않는 말이지만, 살림살이는 어떻게 보면 동어반복으로 구성된 말인 것 같기도 하고 아닌 것 같기도 하다. 살림과 살이는 같은 것일까 다른 것일까? 같은 것이라면 어째서 똑같은 뜻의 말을 두 번 겹쳐서 쓰고 있는 것일까? 다른 것이라면 결국 '(남을) 살린다'와 '(내가) 산다'는 두 뜻을 겹쳐 놓은 것이 될 터인데, 어째서 상당히 성격이 상이한 두 개의 동작을 마치 하나의 동작인 것처럼 합쳐놓은 것일까? 결국 가능한 대답은, 이 말을 만든 이들은 살린다는 것과 산다는 것을 구별하지 않았다는 말이 될 것이다. 즉 산다는 것은 본래 그 자체가 '함께 산다'는 것이 될 것이며, 그 과정 속에 남을 살리는 것과 내가 사는 것이 불가분으로 엮여 있다는 말이 될 것이다. 가만히 생각해보면, 아득한 옛날부터 우리 민족의 깊은 의식 속에서 면면히 전해지는 홍익인간(弘益人間)의 정신과 무관하지 않을 것이다. 그래서 살림살이라는 단어가 너무 친숙한 나머지 우리가 미처 의식하지 못하고 범범하게 넘기고 있는 이러한 의미를 되새김질하기 위해 굳이 빗금을 그어 살림/살이라고 쓰기로 한 것이다.

이러한 사고방식이 우리 민족에게만 있는 것은 아닐 것이다. 영어 숙어 '나도 살고 너도 살고(live and let live)' 또한 방금 말한 살림/살이의 정신을 그대로 담고 있다. 소스타인 베블런(Thorstein Veblen)은 이 말이야말로 민주주의가 실현되는 평화로운 세계를 건설할 원리라고 말하고 있기도 하다. 명진 스님이 전해주는 우화도 있다.[1] 이 세상을 사람 팔 길이보다 훨씬 더 긴 손잡이가 달린 주걱으로 밥을 먹는 형상으로 비유한 것이다. 서로가 서로에게 먹여준다면 모두가 배불리 먹을 수 있다. 하지만 서로가 자기 입만 채우려고 든

---

1 『스님은 사춘기: 명진 스님의 수행이야기』(서울: 이솔, 2011), 244쪽.

다면 아무도 먹지 못하고 모두 굶어죽을 것이다. 이 비유에도 살림/살이의 정신은 극명하게 표현되고 있다. 결국 살림/살이의 원리는 아주 크게 극단까지 확장된다면, 단지 나와 남의 입에 먹을 것을 넣어주는 것에 그치는 것이 아니라 온 인류가 서로 존중하고 화합하면서 서로의 삶이 피어날 수 있도록 돕고 어우러지는 큰 세상의 원리가 될 수도 있다. 변변치 않은 얇은 책 하나 쓰면서 너무 큰 꿈을 멋대로 펼치는 것이 아닌가 해서 좀 창피스럽기도 하지만, 내가 좋아하고 또 믿고 싶어하는 우리말 속담이 있다. "말이 씨가 된다"이다. 이 민들레 씨앗같이 작은 책을 굳이 '살림/살이 경제학'이라고 이름 지어 바람에 띄우는 것도 행여 이 말에 담겨 있는 우리 민족의 오랜 꿈과 소망이 조금이라도 세상에 퍼질 수 있을까 해서다.

이 책의 초고를 출판사에 넘긴 후, 우연한 기회에 헌 책방에서 군나르 뮈르달의 『경제 이론 발전에 있어서의 정치적 요소』를 구하여 읽게 되었다.[2] 책장을 넘기자 이 책에서 내가

---

[2] K. Gunnar Myrdal, *The Political Element in the Development of Economic Theory* (Cambridge, Mass.; Harvard University Press, 1953). 원저인 스웨덴어 판은 1930년에 출간되었다.

전개한 논지의 상당 부분을 이미 뮈르달이 선취해 놓은 것을 알고 놀라게 되었다. 젊은 뮈르달이 헥셔(Eli Hecksher)나 카셀(Gustave Cassel)과 같은 스웨덴 신고전파 경제학자들과의 이론적 절연을 명시적으로 보이는 이 저서는, 현대 경제학이 '자연법'에서 파생된 당위적 윤리 철학과 경제 현상에 대한 과학적 판단을 뒤섞어 놓고 있으므로 이를 철저하게 구별해 낼 때에만 진정으로 과학적인 경제학과, 진정으로 현실성 있는 경제 정책의 입안이 가능해질 것이라고 주장한다. 이 책의 2장에서 내가 주장하고 있는 것과 마찬가지로, 뮈르달은 중농주의자들 및 애덤 스미스가 바로 이러한 자연법적인 세계관을 도입한 시작점으로 지목하고 있다. 사실 이 점은 이미 뮈르달 이전에 베블런(Thorstein Veblen) 등이 강조한 바 있는 논지이며 또 유럽 사상사에 어느 정도 익숙한 이들이라면 어렵지 않게 찾아낼 수 있는 점이므로 그렇게 특이한 일은 아닐 것이다. 하지만 뮈르달은 이러한 '자연법' 사상의 문제점을 '당위(Sollen)'와 '현상(Sein)'을 뒤섞어 놓는 것으로서 지목하고 있으며, 그 결과 고전파 이후의 현대 경제학은 인간 사회가 성취해야 할 바람직한 경제적 상태와 현실에 존재하며 작동하고 있는 바의 경제적 상태를 하나로 뒤섞어 놓는 거대한 이론적 허상의 체계를 구성한 것이라고 비판하고 있다. 이 책에서 내가 주장하는 바, 살림/살이 경제의 문제와 돈벌이 경제의 문제가 현대 경제학에 와서 억지스럽게 하나의 체계로 뒤섞여 버리면서 그 어느 쪽도 제대로 해명되지 못하게 되었다는 논지와 비교해보면 흥미로운 연관성이 있다고 보인다.

나아가 뮈르달은 이러한 두 개의 체계가 뒤섞이게 되는 결정적인 결절점이 바로 '가치론'에 있다고 보며 특히 그것을 완성한 리카도 경제학 체계에 대해 집중적인 분석과 비판을 가하고 있다. 현대 경제학이 설정하고 있는 가치의 개념은 사실상 중세 때의 '공정 가격(just price)' 개념에서 전통적으로 내려온 규범적 의미—이 물건은 얼마의 가치를 가져야 하는가—와 실제 시장에서 상품이 교환되고 있는 실정적인(positive) 교환 가치의 문제를 하나로 뒤섞어 놓게 되는 결합점이라는 것이다. 뮈르달이 보기에 이 두 가지는 철저하게 구별되어야 하며, 특히 전자는 허구로서 구성된 시장 체계에서 논리적으로 도출되는 것이 아니라 사회적 가치(social value), 즉 사회 전체의 가치관과 가치 평가에 비추어 봤을 때 어느 만큼의 가치를 가져야 하는가의 규범적 문제로서 다시 설정되어야 한다고 주장한다. 여기에서 그는 '살림살이'를 뜻하는 독일어 '뷔르트샤프트(Wirtschaft)'의 틀을 강조한다. 즉, 사회적 가치의 문제는 돈벌이 경제에서의 운동 법칙 따위가 아니라 가정, 사회, 나아가 국가 등 다양한 단위에서의 인간 공동체를 하나의 '가정'으로 설정하여 거기에서의 살림/살이 경제의 시각에서 접근해야 한다고 주장하는 것이다.

20세기 경제학에 큰 자취를 남긴 거장 뮈르달의 논지를 여기에서 구구히 늘어놓는 것은, 감히 뮈르달의 후광에 힘입어 나의 논지의 설득력을 배가시켜보겠다는 자잘한 속셈 때문이 아니다. 이 책에서 지적하고 있는 바 현존하는 지배적인 돈벌이 경제학의 문제점 그리고 이 책에서 호소하고 있는 바 살림/살이 경제학의 재생이라는 문제들이, 나 개인의 별쭝난 사고방식에서 나온 것이 아니라 이미 20세기 초반부터 생각 깊은 수많은 경제 사상가들이 강력하게 제기해 온 것이라는 점을 다시 한번 독자들에게 일깨우기 위한 것이다. 불행하게도 베블런, 폴라니, 뮈르달, 캅 등 이러한 흐름에 있었던 경제 사상가들은 오늘날 대학에서조차 연구되거나 읽혀지지 않는 존재로 '생매장' 당해버렸지만, 이제 그들을 흙 속에서 다시 끌어낼 때가 무르익은 것이다.

차 례

들어가며 · 5

1장 ___ 돈벌이 경제 vs. 살림/살이 경제

생계 경제: '돈 사러 간다' · 20
살림/살이 경제와 돈벌이 경제 · 24
상품화: 살림/살이 경제와 돈벌이 경제의 중첩 · 33
합리성과 돈벌이 경제학 · 43

2장 ___ 살림/살이 경제학에서 돈벌이 경제학으로

경제 사상사 연구 유감 · 54
고대 그리스의 '경제학' · 59
시장경제의 발흥과 계산적 합리성 · 66
근대 국가의 전쟁과 중상주의 경제 사상 · 71
중농주의자들과 애덤 스미스의 '자연적' 체계 · 79
리카도와 가치론 · 83
신고전학파와 그 이후: 돈벌이 경제학의 확립과 살림/살이 세계의 폐색 · 88

3장 ___ 살림/살이 경제학의 흐름과 재생

19세기 사회주의 경제 사상의 도전과 좌절 · 101
초기 사회주의자들 · 103
칼 마르크스 · 109
살림/살이 경제 사상과 노동 가치론 · 116
소스타인 베블런: 산업과 영리 활동의 구별 · 120
칼 폴라니: 실체적 경제와 사회의 발견 · 129
살림/살이 경제의 발견 · 137

4장 ___ 살림/살이와 돈벌이의 관계를
어떻게 바로잡을 것인가

'좋은 삶' · 146
목적-수단의 전도와 균형 · 155
'자산'이 되어 버린 인간 · 158
삶 자체의 발전 · 162
인간 능력으로서의 부(富) · 166
'욕망의 포트폴리오' · 174

맺으며 · 187

1

돈벌이 경제 vs. 살림/살이 경제

살림/살이 경제학의 제기는 너무 돈만 앞세우는 세태에 맞서 옛날의 전통적·도덕적 가치를 복원하자는 소극적이거나 낭만주의적인 푸념이 아니다. 산업 사회가 진정 개인적·집단적 차원에서 인간다운 삶을 가능케 하도록 조직되게 만들기 위해서 반드시 필요한데도, 그 심대한 필요성에 비추어 지금까지도 놀랄 만큼 제대로 발전되지 않고 있는 학문이 바로 살림/살이 경제학이다.

자본주의 사회에 살고 있는 우리들은 살림/살이의 문제를 너무나 쉽게 돈벌이의 문제와 동일시해버린다. 실제 그렇다. 옛날 양주동 선생이 동경 유학 시절 쌀 떨어지고 돈 떨어진 다른 두 명의 유학생들과 함께, 벽에다가 "움직이면 손해다(動卽損)"라고 써 붙이고서 내천(川)자로 길게 누워 며칠을 버텼다고 하던가. 요즘은 누구나 느낄 것이다. 지하철을 타든, 게임을 하든, 친구를 만나든, 책을 읽든, 무엇을 하든 일정한 돈을 써야만 가능하다. 어쩌다 일자리라도 잃어 수입 없는 상태가 계속되면 그야말로 "움직이면 돈이다(動卽錢)"라고 써 붙이고 곰처럼 동면 상태라도 들어가야 할 판이다. 물론 동굴의 월세 값은 미리 내야 하지만.

이러한 경험에 아주 어렸을 때부터 극히 익숙해 있는 우리로서는 돈벌이와 살림/살이가 본래 별개의 행위요 영역이라는 말을 들으면 의아할 수밖에 없다. 돈벌이와 연결되지 않은 살림/살이도 있단 말인가? 그렇다. 돈벌이는 개인이나 집단 차원에서 살림/살이를 영위하기 위한 수단일 뿐이며 그것도 그 여러 수단 형태의 하나일 뿐이다. 따라서 돈이 많든 적든 버는 문제와 관련이 있든 없든 그것과 무관하게 고민해야 하는 살림/살이의 영역이 있게 마련이다.

이렇게 말해 봐야 많은 분들은 그저 알쏭달쏭하게 여길 뿐이다. 그러면 돈벌이와 무관하거나 관계가 대단히 희박한 살림/살이 형태를 실감하기 위해서 가장 극명하고도 쉬운 경제 형태부터 먼저 생각해보자.

생계 경제: '돈 사러 간다'

생계 경제(subsistence)라는 개념은 엄밀하게 정의되어 쓰이는 개념이라 할 수는 없지만, 일반적으로 구성원들의 물질적인 자급자족을 목표로 경제 생활을 영위하는 공동체의 경제를 일컫는 말이다. 의식주에 필요한 물자는 사냥, 채집, 농경 등의 활동으로 조달되며, 생산의 '잉여'가 크게 축적되지 않는 낮은 생산 수준에 머물고 있다.

이런 곳에 사는 사람들에게 있어서는 살림/살이의 문제가 당연히 돈벌이의 문제와 무관하게 돌아가게 된다. 사람들은 자신이 필요로 하는 기본적인 재화를 농사, 길쌈, 채집, 사냥, 낚시 등으로 해결하며 문화적·정신적 생활에 있어서도 공동체 내에서 욕구와 그 충족 수단 모두가 주어지게 된다. 이러한 상태에 살아가는 사람들은 화폐를 많이 축적하고자 하는 욕구를 가지지도 않으며, 아예 자신의 경제 활동 즉 살림/살이의 여러 문제들을 돈을 단위로 하여 계산하고 사고하는 버릇조차 낯설다.

물론 우리는 산속이나 오지(奧地)에 고립된 채 살아가는 원시 부족만을 이야기하고 있는 것이 아니다. 사실상 본격적인 근대화와 상품화가 시작되기 이전 상태에서는 동서고금을 막론하고 흔히 발견되는 모습이다. 그리고 상당히 근대화되고 화폐화된 도시에서의 자본주의와 공존하면서 아주 오랜 기간 동안 그 생명을 유지하기도 한다. 이런 생활을 하는 이들도 분명히 도시에서 흘러들어오는 각종 제조업품도 사용하며, (이제는 아프리카나 아마존 오지의 원주민들조차 그러하다.) 그것을 구입하는 데 필요한 화폐를 분명히 사용하기도 한다. 하지만 그럼에도 불구하고 분명히 어느 시점까지는 이들에게 있어서 경제 활동이란 돈벌이와는 확연하게 구별되는 개인과 가족과 공동체의 살림/살이다.

당장 우리나라만 해도 대략 30~40년 전까지만 해도 이러한 모습으로 살아가는 사람들을 어렵지 않게 만나볼 수 있었다. 읍내에서 상당히 떨어진 벽지 산촌에 사는 이들은 일상에 필요한 거의 모든 것들을 마을 단위에서 해결한다. 물론 이들도 근대화된 사회에 살고 있으므로 마을 단위에서 완전히 해결되지 않는 종류의 삶의 수단을 조달해야 하는 경우가 있다. 읍내의 치과에도 가야할 때가 있고, 손주놈이 중학교 들어가면 좋은 가방도 하나 사 주어야 하며, 설이 되면 세뱃돈도 준비해야 한다. 이들은 그래서 돈이 생기면 이럴 때 쓰려고 장롱 속이나 뒤주 어딘가에 꼬깃꼬깃 박아둔다. 이게 '돈 구린내'라는 말이 생긴 사연이라고 하는 이들도 있다. 그런데 이렇게 모아둔 돈이 부족하면? 호미나 낫을 하나 들고서 산으로 올라간다. 더덕이든 도라지든 또 그 밖의 무엇이든 돈으로 바꿀 수 있는 것들은 싹싹 긁어모은다. 그래서 장이 열리는 날 그것들을 가지고서 기차 타고 (혹은 기찻삯을 아끼기 위해 이고지고 걸어서) 장에 가서 하루 종일 쪼그리고 앉아 있다. 그래서 돈을 구해온다.

이런 것을 부르는 우리나라 옛날 말에 "돈 사러간다"는 표현이 있다. 실로 재미있는 표현이다. '팔러가는' 것이 아니라 '돈 사러간다'는 것이다. '팔러간다'는 것은, 근대에 들어 유럽에서는 '실현(realize)'된다는 말로 표현되는 특수한 행위다. 즉 마르크스의 표현대로 화폐라고 하는 성스러운 존재의 인정을 받아 사회적으로 가치 있는 것으로 인정되느냐 마느냐 하는 그야말로 '목숨을 건 도약'이 벌어지는 순간이요, 베블런이 지적한 대로 실제로 존재하는 상품보다 훨씬 더 '현실'적인 존재인 화폐로 바뀌는 순간이다. 하지만 이들에게 있어서 화폐란 그렇게 신비롭거나 신성하거나 목숨을 걸고서라도 얻어내야 할 무언가가 아니다. 그저 머리를 빗을 참빗처럼, 등을 긁을 효자손처럼, 삶을 영위하는 데 필요한 생필품의 하나에 불과한 것이며, 장에 물건을 팔러 가는 것은 바로 그런 생필품 하나를 '사러 가는' 것에 불과하다. 생계 경제에 있어서 화폐와 돈벌이가 살림/살이의 한 부분으로 포괄된 위치에 있다는 것을 이렇게 잘 드러내주는 표현은 세계 어디에서도 찾아보기 힘들지 않을까 싶다.

 생계 경제가 '돈벌이 경제'와 얼마나 먼 거리에 있는지를 잘 보여주는 일화가 하나 있다. 어떤 서양 변호사 한 명이 업무로 인도에 갔다가 시골길 진창에 차가 빠져 오도 가도 못하게 되었다. 몇 시간쯤 지났을까. 멀리서 터덜터덜 시골 버스가 흙먼지를 일으키며 오고 있었다. 버스 안은 사람과 온갖 짐으로 꽉 차 있었고 하다못해 천장과 버스 옆에도 사람들이 줄줄이 매달려 있는 풍경이었다. 버스의 시골 사람들은 곤경에 처한 이 서양인을 보고 모두 내려 차를 끌어내어 주었다. 서양인이 답례를 하려고 돈을 좀 꺼내들었더니 버스 운전사가 말린다. "하지 마세요. 이 사람들은 너무 가난한 사람들이라서 돈이 필요 없답니다."[3]

이 풍경이 대략 1990년대 초반이었던 듯하니, 급속한 산업화·도시화를 겪은 지금의 인도에서는 어떨지 모르겠다. 하지만 이 이야기는 전통적인 생계 경제에서 화폐의 의미가 무엇인지를 너무나 재미나게 보여주는 장면이라 할 것이다.

살림/살이 경제와 돈벌이 경제

이제 살림/살이 경제와 돈벌이 경제의 차이를 개념적으로 이해해보자. 2장에서 좀 더 다루겠지만, '경제'라는 말 속에 이 두 개의 전혀 독자적인 정의가 중첩되어 있다는 것을 근대에 들어서 처음으로 강조한 경제학자는 오스트리아 학파의 시조인 칼 멩거(Carl Menger)라고 칼 폴라니는 지적하고 있다. 경제학 이야기는 2장과 3장으로 미루고, 폴라니와 멩거

---

[3] Paul William Roberts, *Empire of the Soul: Some Journeys in India*. (Toronto: Stoddart, 1994)

의 생각을 간단하게 정리하여 이 두 개의 경제에 대한 개념적 정의를 시도해 본다. 먼저, 살림/살이 경제는 이렇게 정의할 수 있을 것이다.

> 사람이 살아가면서 느끼게 되는 정신적·물질적 욕구를 충족하기 위한 유형·무형의 수단을 조달하는 행위[4]

---

4 여기서 내가 내린 정의는 멩거나 폴라니의 정의와는 작지만 중요한 차이가 있다. 내가 볼 때에 멩거나 폴라니 모두 이러한 '실체적' 경제의 정의에서 물질주의적인 편향을 가지고 있다. 1923년 사후 출간된 『일반경제학원리』 2판에 보이는 멩거는 1871년의 1판에서 자신이 제시한 주관적 효용의 개념만으로는 부족하다는 판단에서, 주관적 효용으로 환원할 수 없는 인간의 기초적 욕구(Bedürfnis)를 논하면서 인간의 생리적·신체적인 욕구를 강조하는 경향을 보인다. 폴라니 또한 비록 욕구 자체는 정신적·영성적인 것이라고 해도 수단이 '물질적' 성격을 가지는 것으로 실체적 경제를 정의하는 경향을 보인다. 하지만 내가 여기에서 제시하고자 하는 살림/살이 경제의 개념은 사실상 인간 생활의 전 영역을 포괄하는 것으로 보고자 하는 것이다. 따라서 욕구도 정신적·육체적 욕구를 모두 포함해야 하며 수단 또한 유형·무형의 수단 모두를 포괄해야 한다고 정의하고자 하는 것이다. 21세기의 현실에 있어서 물질적인 것과 정신적인 것의 구별은 계속 흐려지고 있으며, 따라서 이러한 확장을 시도하는 것이 멩거나 폴라니의 본래의 뜻에 맞서는 것이 아니라 그 확장일 것이라고 믿는다. 이렇게 '실체적' 경제를 인간 생활과 활동의 전 영역으로 확장하고자 하는 경향은 이미 캅(Karl William Kapp)의 저작에서 나타나고 있다. 멩거의 1923년의 2판 『일반경제학원리』는 외국의 도서관에서도 구하기가 어려운 편이지만 일본어로 번역된 바 있다. 「一般理論經濟学」, 八木紀一郎 外 訳, みずほ書房, 1984.

복잡한 것 같지만, 그야말로 우리말 살림/살이 그대로의 뜻이며, 이것이 경제라는 말의 뜻이라고 해도 아무도 반대할 것 같지는 않다. 그런데, 막상 경제학 교과서나 사전을 찾아보면 전혀 다른 방향의 정의가 튀어 나온다. 먼저 루트리지(Routledge) 출판사에서 나온 경제학사전의 'economy' 항목을 찾아본다.

1. 시장 질서 2. 한 집합의 교환 행위들 3. 동일한 통화를 사용하는 나라의 경제 활동들 전체 4. 비용을 최소화하기 위한 자원의 알뜰한 사용[5]

여기에는 돈벌이와 관련된 관념들만이 나오고 있을 뿐, 그 자체로 인간의 살림/살이와 관련되어 있는 냄새를 맡을 수가 없다. 이러한 정의의 기초가 되는 생각을 알아보기 위해 대학에서 가르쳐지고 있는 경제학 교과서들을 찾아본다. 경제원론이든 미시경제학이든, 어느 책이라고 할 것 없이 거의 천편일률적으로 다음과 같은 설명으로 시작한다.

---

[5] *Routledge Dictionary of Economics*, 2nd ed., Donald Rutherford ed. (New York: Routledge, 2002)

인간의 욕망은 무한하며 주어진 자원은 항상 부족하다. 이러한 '희소성'의 상황으로 인하여 인간은 최소한의 희생으로 최대한의 만족을 얻을 수 있도록 자원 활용의 방법을 선택해야 하는 문제에 부닥치게 된다. 이러한 선택이 바로 경제다.

즉 '경제화(economizing)' 행위로 이루어지는 인간들의 상호 작용이 바로 경제라는 것이다. 문제는 아무리 이 정의를 뜯어보아도 여기에서 위에 정식화한 바의 살림/살이의 모습은 찾아볼 수 없다는 점이다. 이 정의를 위의 살림/살이 경제의 정의와 비교할 수 있도록 조금 바꾸어 표현하면 이렇게 될 것이다.

인간이 살아가면서 부닥치게 되는 여러 목적을 달성하기 위해서 최소한의 비용으로 최대한의 효과를 거둘 수 있도록 알뜰하게 선택하는 행위

좀 안된 이야기지만, 나의 경우 이러한 정의를 보았을 때에 가장 먼저 생각나는 것은 고스톱이다. 명절 때마다 둘러서 쭈그리고 앉아 골똘히 고민하는 아저씨들의 머릿속에서 벌어지는 일이 바로 이러한 '선택'이니까. 들고 있는 패는 한

정되어 있고 따고자 하는 점수의 상한은 무한대니, 매번 차례가 돌아올 때마다 이번에 어떤 패를 내서 무얼 먹어야 '흔들고 쓰리고에 피박'이라는 그랜드슬램의 대업(大業)을 이룰 수 있을까 등등의 생각으로 신년 초부터 머리들이 복잡하기 짝이 없다.

그리고 여기에서 한 걸음 나가보면, 과연 이 정의가 '경제'와 무슨 관련이 있는가가 의문스러워진다. 왜냐면 이 정의는 '소기의 목적을 거두는 데 있어서 가장 알뜰하게 수단을 절약하는 선택'이라는 말이기 때문에 인간의 거의 모든 행위에서 나타나는 행태기 때문이다. 전쟁에 나선 군대의 지휘관은 매번 전투에 부닥칠 때마다 어느 정도의 인원과 물량을 어느 정도로 배치하는 것이 전체 전쟁에서 이길 수 있는 최선의 선택인지를 고민하게 된다. 또 군주는 신민들의 복종과 마음을 얻기 위해서 어느 만큼의 폭력과 어느 만큼의 시혜를 적절하게 섞어 써야 하는지를 항상 고민하게 된다.[6] 지

---

6   그래서 울린(Sheldon Woolin)은 이러한 내용을 담은 마키아벨리의 『군주론』을 '폭력의 경제학'이라고 표현한 적도 있다. 또 정복자들에게는 피정복 지역의 주민들을 어느 만큼이나 학살하는 것이 장기적으로 효율적인가의 계산이 항상 따라다니게 된다. 예를 들어 칭기스칸의 경우 도시를 침공할 때에 먼저 전령을 보내어 항복을 유도하고 항복할 경우에는 아무런 해를 입히지 않으며, 저항할 경우에는 도성(屠城) 즉 도시를 완전히 초토화하는 폭력을 행사하였다. 특히 아주 극단적인 경우로 사마르칸느를 점

도 교수에게 아부를 바쳐야 하는 대학원생, 상대방의 애정을 얻어내려 기를 쓰는 구애자, 심지어 매주 교회당에 갈 때마다 헌금 봉투를 채워야 하는 신자에 이르기까지 우리 삶의 모든 행위에서 보편적으로 나타나는 고민이다. 그런데 이 정의가 굳이 '경제'와 관련될 것이 무엇이 있단 말인가? 위의 정의는 그냥 '불필요한 낭비를 삼가라'는 말에 불과한 것이 아닌가? 그럴지도 모른다. 하지만 여기에서 어떤 한마디의 단어를 추가하면 이러한 문제가 싹 해결되고 위의 정의는 아주 구체적이고 명확한 경제의 정의로 둔갑한다. 그 단어는 바로 '돈'이다.

앞에서 본 경제학 교과서에서의 경제의 정의는 사실상 이미 '화폐'의 개념을 암묵적으로 전제하고 이야기하고 있다고 보아야 한다. 화폐의 개념이 없으면 전혀 성립할 수 없는 이야기기 때문이다.[7] 여러 다른 수단으로 여러 다른 목적에 적

령했을 때에는 여자와 아이들까지 모두 죽여버렸다. 이는 장기적으로 군단 이동의 속도를 최대한 올리고 폭력 행사에 따르는 에너지를 절감하는 고려가 있었다고 한다.

[7] 내가 기존의 경제학을 통칭하여 '돈벌이 경제학'이라고 부르는 이유이기도 하다. 중요한 점은, 이 때문에 경제학의 논리 체계와 사실상 순환논리에 빠져 있다는 점이다. 이렇게 이미 화폐의 개념을 암묵적으로 전제하지 않으면 성립할 수 없는 개념을 시작점으로 삼아 여기에서 교환과 가치의 개념을 도출하며, 여기에서 다시 화폐의 개념이 도출되는 식으로 논리가 전개되고 있는 것이다.

절히 배분할 선택을 한다는 것이 성립하려면 두 가지 조건이 성립해야 한다. 첫째, 여러 다른 목적들의 가치와 쓸모를 서로 비교한다는 것, 또 여러 다른 수단의 가치와 희생을 비교한다는 것은 모두 동일한 수량으로 바꾸어 놓았을 때에 비로소 가능한 일이다. 스키장에 가서 백설 위의 청춘을 만끽할 것인가 골방에 처박혀 책이나 읽을 것인가? 베르그송(Henri Bergson)이 인간의 고통에 대해서 통찰했던 바가 여기에도 적용된다. 베르그송이 지적하는 바, 우리는 흔히 꼬집히는 고통보다 팔다리가 잘리는 고통이 훨씬 크다고 생각하지만 이는 엄밀히 보아 정확한 말이 아니다. 그 두 가지는 질적으로 다른 고통이기 때문에 이를 수량적 비율로 환원할 수는 없다는 것이다. (물론 누구나 둘 중 하나를 당하라면 전자를 선택하기는 하겠지만.) 스키장의 청춘과 골방 책벌레의 기쁨도 마찬가지로, 그 자체로는 양적인 비교가 불가능한 즐거움이다. 이를 가상의 효용 단위인 '유틸(util)'로 환원하든 아니면 달러 가치로 환원하든 어떻든 동일의 수량적 단위로 환원해야 한다. 이러한 필요는 수단의 상호 비교에 있어서도 똑같이 적용되는 일이다.

둘째, 수단이 여러 목적에 모두 사용할 수 있는 것이라야 위의 경제의 정의가 의미를 가지게 된다. 바이올린으로 배를 불릴 수는 없고 장미꽃으로 귀를 즐겁게 할 수는 없다. 따라서 비록 수단들의 가치와 희생의 크기를 동일한 수량으로 환원한다 한들, 바이올린, 장미꽃, 성경책, 연예인 사진 등 가지각색의 수단으로 구성된 '수단 바구니'를 들고서 이런 저런 목적에 아무렇게나 배열할 수는 없는 일이다. 문제는 이것이 예외적 상황이 아니라, 거의 모든 구체적으로 존재하는 '수단'들은 다 충족시킬 수 있는 목적이 제한되어 있다는 점이다. 아무 목적이나 다 충족시킬 수 있는 수단이란 모든 마법을 다 뚝딱 해치울 수 있는 도깨비 방망이나 니벨룽겐의 반지 같은 전설의 물건들밖에 없다.

하지만 현실에도 이 도깨비 방망이나 니벨룽겐 반지에 해당하는 것이 있으니, 바로 '돈'이다. 마르크스가 인용하는 셰익스피어의 구절처럼, 돈은 사실상 현대 사회에서 인간이 상상할 수 있는 거의 모든 목적을 다 달성할 수 있는 존재다.[8] 그래서 위의 두 번째 경제의 정의가 보편적인 인간 활동에 적용되기 위해서는 사실상 그 '수단'이라는 것이 암묵적으로

---

8   마르크스가 인용하는 셰익스피어의 구절에는 '돈만 있으면 꼬부랑 할머니도 미녀로 바꾸고……' 하는 구절이 있다. 마르크스나 셰익스피어의 시절에는 사실 이것이 조금 과장된 부분이 있다. 이 구절은 사실상 돈 많은 과부라면 모든 남자들이 눈 딱 감고 절세 미녀 보듯 아부를 바친다는 뜻이었으니까. 하지만 현대에는 글자 그대로 실현이 되었다. 강남의 지하철역 곳곳에 붙어 있는 '성형강국 코리아'라는 광고 문구를 보라.

돈이 될 수밖에 없다. 이러한 두 가지 이유에서 이 정의에는 사실상 돈의 개념이 잠재되어 있고, 또 그렇게 돈의 개념을 명시적으로 삽입한다면 최소한 자본주의 사회에서 사람들이 '경제'라고 느끼는 것의 일단을 훌륭하게 묘사하는 정의가 될 수 있다.[9]

이렇게 되면 경제는 돈을 매개로 한 두 개의 층위로 다시 나누어질 수 있다. 첫째, 현실에 존재하는 가지각색의 인간 활동과 유형·무형의 자원을 '수단'으로 보아 이를 '돈벌이'라는 목적에 맞게 가장 현명하게 배치하는 선택이 있다. 둘째, 그렇게 벌어들인 돈을 '수단'으로 보아 여러 '목적'에 배당하는 선택이 있다. 첫 번째 과정을 보통 '생산'이라고 부르며 두 번째 과정을 보통 '소비'라고 부른다. 그런데 두 번째 과정의 여러 '목적' 가운데 또 다시 '돈벌이'가 들어오지 말라는 법이 없다. 이를 우리는 '투자'라고 부르며, 전체 과정은 돈벌이라는 '목적'에 맞게 돈이라는 '수단'을 적절히 배치하는 활동이 되기도 한다. (이를 자산 선택, 즉 '포트폴리오'라고 부른다.) 이렇게

---

[9] 이를 명시적으로 분명히 한 업적은 알프레드 마샬(Alfred Marshall)에게 돌아가야 할 것이다. 이렇게 화폐적 차원과 한계효용의 차원의 관계를 불분명하고 애매하게 처리했던 초기의 한계효용 이론가들과 달리 마샬은 '화폐의 한계효용'이라는 개념을 명시적으로 도입하여 설명 체계를 이루었다.

하여 자본주의 사회의 '경제'를 묘사하는 중요한 개념들이 비로소 속속 도출되기에 이른다. 결국, 이 두 번째 정의는 돈이라는 개념을 매개로 넣었을 때 비로소 경제의 개념이 될 수 있으며, 그 '선택'의 관점도 최소한의 돈을 써서 최대한의 만족과 또 추가적인 돈을 얻어내는 것이라고 간략하게 줄여서 말할 수 있게 된다. 결국, 이 두 번째 정의에서 묘사되는 경제는 '돈벌이 경제'라고 말할 수 있게 되는 것이다.

상품화: 살림/살이 경제와 돈벌이 경제의 중첩

문제는 이러한 두 가지 의미의 경제가 동일한 것인가라는 점이다. 즉, 살림/살이의 문제는 바로 돈벌이의 문제인가? 돈을 벌면 살림/살이의 모든 문제가 해결되는가? 자본주의 사회에 태어나서 자란 우리들은 직감적으로 그렇다고 대답하고픈 충동을 느낄 것이다. 돈 없이 살림/살이 자체가 되지 않아서 가족이 뿔뿔이 해체되는 비극은 지금도 달동네 곳곳에서 벌어지고 있다. 그리고 돈만 충분히 벌어 놓으면 그 전에는 꿈 꾸기 힘들었던 각종 욕구의 충족이 가능해지고 새로운 욕구를 끝없이 발견하게 되면서 전혀 다른 살림/살이가 열리게 되는 것이 우리가 느끼고 있는 바의 현실이 아닌가. 하지만 여기에서 그 반대 방향의 질문으로 가보면 그렇게 쉽게 그렇다는 대답이 나오지 않을 것이다. 돈벌이의 문제는 바로 살림/살이의 문제인가? 살림/살이를 잘해나가면 돈은 저절로 벌리게 되는 것인가? 그렇지는 않다. 돈을 많이 쟁여 놓는다고 해도 풀리지 않는 살림/살이의 문제는 얼마든지 있으며, 살림/살이를 아무리 훌륭하게 한다고 해도 돈이 반드시 따라 주는 것은 결코 아니라는 것 또한 현실이다.

자본주의 사회에서는 살림/살이 경제와 돈벌이 경제가 중첩되는 영역이 대단히 넓어지는 것이 분명한 사실이다. 그렇기 때문에 사람들이 살림/살이로서 경제 이야기를 시작했다가도 곧 결국 부동산, 주식 등 돈벌이 이야기로 끝나는 경우가 다반사다. 하지만 이는 어디까지나 자본주의 경제에서 나타나는 현상일 뿐이다. 인간 본성에 근거한 필연적인 것이라든가 동서고금을 초월하여 인간 세상에 항상 적용되는 진리인 것은 결코 아니다. 자본주의 사회에서 이 두 개의 영역이 중첩되게 된 것은 '상품화(commodification)'로 인해 벌어진 역사적으로 특수한 현상이라고 보는 것이 옳다. 즉, 인간 사회를 구성하는 모든 인간적·자연적 요소들은 물론 화폐나 법적 권리 등과 같은 사회적 요소들까지 모두 화폐를 통해서 얻고 처분할 수 있는 상품의 형식을 띠고 있는 상태에서는 살림/살이의 문제가 필연적으로 돈벌이의 문제와 중첩될 수밖에 없다.

이를 조금 자세히 들여다보자. 근대 사회의 특징은 '신분(status)에서 계약(contract)으로'의 전환에 있다는 법사회학자 헨리 메인(Sir Henry Maine)의 고전적인 언명을 잠시만 음미해보면 그 의미를 알 수 있다. 신분 사회의 위계 조직은 단순한 사회적 정치적 서열과 권력 관계를 고정시켜 놓은 것만이 아니라 사회 전체의 노동 분업 또한 그 안에 내포하고 있는 경제적 조직이기도 하다. 따라서 사회 모든 성원들이 살아가는 데에 필요한 유형·무형의 수단들은 이러한 신분 관계의 작동 속에서 분배되고 생산되어 왔다. 그런데 신분이라는 관계 대신 현금 관계(cash nexus)가 그 자리를 차지하여 계약이라는 방식으로 전환하게 되면, 옛날의 신분적 위계 조직 안에 '묻어들어(embedded)' 있었던 노동 분업 또한 튀어나와서 화폐를 매개로 한 계약이라는 방식으로만 분배와 생산이 조직되게 된다. 즉 '상품'의 옷을 입고서 분배되고 생산되게 된 것이다. 처음에는 사회의 노동 분업에서 주변적이고 그다지 중요하지 않은 재화와 서비스가 우선 상품화되었지만, 산업혁명과 기계제 생산이라는 대변혁을 겪게 되면 이제는 인간 노동, 자연 자원, 심지어 화폐나 법적 권리 등과 같은 사회적 요소들까지 모두 마치 상품인 것처럼 시장에서 거래되고 그 가격도 결정되는 상태에 이른다. 이른바 칼 폴라니(Karl Polanyi)가 말하는 '허구적 상품'들까지 출현하게 된 것이다. 이렇게 인간, 자연, 사회까지 모두 상품화가 완결된 19세기 중반 이후에는 인간 세상의 만사만물에 대한 보편적인 상품화가 현재까지 갈수록 폭을 넓혀가고 있다.

사람, 자연, 사회적 권리 및 권력까지 상품이 되어버린 상태이니 살림/살이에 필요한 것들 중 돈을 매개로 하지 않으면 도무지 조달할 수가 없게 된 것들의 경계도 폭발적으로 확장되었다. 그래서 급기야 오늘날에 이르면 앞에서 말한 대로 '움직이면 돈이다'라는 구호가 모든 이들의 의식 속에 뿌리내리게 되었다. 오늘날 상품화의 영역은 몇 십년 전만 해도 상상하기 힘들었던 지경으로 폭발적으로 확장되고 있다. 앞으로도 최소한 당분간은 상품화의 진전이 가속화될 것이며, 돈벌이의 영역과 중첩되는 살림/살이의 영역 또한 점점 늘어나게 될 듯하다.

하지만 그러한 중첩의 범위는 결코 미리 어떤 선험적 원칙으로 정해지는 것도 아니며, 또 역사적으로 고정되어 있는 것도 아니다. 그 사회 전체의 구성—정치적·사회적 조직과 문화적 의식—이 어떻게 되어 있느냐에 따라 극히 가변적이며 급격하게 변하기도 한다. 한 예를 들어보자. 당신은 이번 주에 온 식구가 모여 저녁 밥상을 함께한 횟수가 몇 번이나 되는가? 내가 강연을 다니면서 이 질문을 해보면 2번 이상이라고 답하는 사람이 보통 청중석에서 50명 중에 3명을 넘지 않는다. 가장 많은 경우가 0번이라고 답하는 사람들이다. 이는 불과 이삼십 년 전에는 상상하기 힘든 일이었던 것으로 기억한다. 내가 기억하는 1980년대만 해도 아버지가 늦으시거나 대학생 오빠 누나가 늦게 들어오는 경우—결코 매일은 아니었다—를 빼면 기본적으로 저녁은 집에서 먹는 것이 정상이라고 여겨지는 사회 분위기였다. 이를 실증할 데이터는 손에 없지만, 정황적 증거 하나를 이야기하면 이렇다. 내가 '국민학교'를 다니던 1970년대에 학교에서 이루어지던 반공 교육의 중요한 레퍼토리 하나는 '밥공장'이었다. 북한에서는 남녀노소 모두가 장시간 노동을 해야 하므로 집에서 밥을 먹는 법이 없으며 따라서 밥공장에 가야만 한다는 것이었다. 이를 전하던 선생님의 태도나 이를 전해들은 우리들의 반응 방식이나 모두 '세상에 이런 일이'라는 식이었음을 기억해볼 때, 이는 곧 기본적으로 밥은 집에서 해먹는 것이라는 생각이 그 때까지만 해도 통념이었다는 것을 말해주고 있다. 하지만 생활 패턴의 변화와 도시화와 노동 관계의 변화와 맞물리면서 요식업의 폭발적인 팽창이 이루어졌고, 지금은 심지어 휴일이 되어도 오히려 온 가족이 집단으로 밖에 나가 외식을 하는 것이 더 보편적인 행동이 되었다. 도시락을 싸들고 다니는 이들은 극히 줄어들었고, 식사는 이제 당연히 돈 주고 밥집에서 해결하는 것이 마땅한 것처럼 여겨지기도 한다.[10]

그렇다면 여기에서 물어보자. 저녁밥을 조달하는 행위는 살림/살이의 영역인가 돈벌이의 영역인가? 식자재가 조달되어 있다면, 이를 어머니 혹은 가족 누군가가 식단을 짜고 조리를 하는 활동으로 저녁밥이 조달되니 이는 앞의 두 정의의 경제로 볼 때 분명 살림/살이 영역에 해당하던 일이다. 하지만 저녁마다 "오늘은 또 어디 가서 무엇으로 배를 채워야 할꼬"라는 고통스런 질문을 안고 가격 대비 품질, 영양, 음식량 등을 놓고 '희소성 아래에서의 선택'을 하기 위해 식당가를 헤매고 다녀야 하는 이들은 이를 돈벌이 경제의 영역으로 바라볼 것이다. 전자라면 GDP에 아무런 흔적을 남기지 않을 것이며, 후자라면 GDP에 나의 소득 지출과 밥집 아주머니의 소득 발생으로 포착될 것이다. 문제는 그 저녁밥이 상품의 모습을 띠고 있는가 그렇지 않은가다. 어머니가 해주신 밥은 상품이 아니라 매일매일 사랑으로 내게 품어주시는 선물이

---

[10] 아마 이러한 음식 문화를 극적으로 나타내는 것은 자장면과 탕수육의 위상 변화일 것이다. 1980년대 중반까지만 해도 중국 음식은 어쩌다 함께 먹는 별미였고 탕수육까지 시킬 때는 잔치에 가까운 것으로 여겨지곤 했다. 이는 피자나 치킨(통닭) 등도 마찬가지였다. 오늘날 외식이 보편화되면서 이런 것들은 이제 아주 평범하고 진부한 것으로 되어 버렸다.

다. 하지만 애덤 스미스의 말대로, 식당에 가서 내가 먹는 삼겹살은 "푸줏간 주인의 선의(善意)에서가 아니라 그의 이기심의 발로로" 제공된 상품인 것이다.

그렇다면 이런 질문이 나올 수 있다. 살림/살이 경제와 돈벌이 경제의 영역이 본래 다른 것이며 그저 상품화의 정도에 따라 그 둘이 중첩되는 정도가 결정되는 것이라면, 그 둘이 완전히 중첩되어 하나로 통일될 정도로까지 상품화가 진행되는 일이 있을 수 있을까? 이런 일은 이론적으로도 불가능하거니와,[11] 지금까지 역사적으로 존재한 사회에서는 결코 일어난 적이 없다고 보아야 할 것이다. 비록 직접적으로 상품화와 연관된 것은 아니지만, 아마도 이런 일이 가능할 정도의 사회에 가장 근접한 모습은 올더스 헉슬리(Aldous Huxley)의 『멋진 신세계』에 그려진 사회일 것이다. 오만 가지

---

[11] (신)고전파 경제학이 이를 상정하는 경우에 대해 이를 이론적 차원에서도 '유토피아'에 불과하며 결코 현실에서 실현될 수 없다는 것이 칼 폴라니의 고전 『거대한 전환』의 주요 논지다. 마르크스경제학의 경우에는 『자본론』에서처럼 인간 노동이 완전한 추상 노동 시간으로 상품화된 경우를 상정하고 있거니와, 이것이 현실적으로도 이론적으로도 성립할 수 없음은 카스토리아디스와 '사회주의냐 야만이냐' 그룹의 집단 연구에서 강력하게 제기된 바 있다. Cornelius Catoriadis, "Modern Capitalism and Revolution" in *Political and Social Writings, 1955-1960* (Mineapolis: Minesota University Press, 1990).

선전과 사회 관리 기법은 물론 아예 유전공학을 활용한 맞춤형 인간 생산 라인까지 활용한 이 사회는 인간이 살아가면서 느끼는 모든 '정신적·육체적 욕구'가 정밀하게 통제되고 있으며 '그것을 충족할 모든 유형·무형의 수단'들이 중앙 계획에 의해 미리 그 질과 양이 예측되고 조달되고 있으니, 만약 이 사회에서 화폐를 보편적으로 사용한다면 살림/살이와 돈벌이는 완전히 일치하게 될 것이다. 하지만 현실의 사회는 아마도 그 근처에도 근접할 수 없을 것이다. 상품화가 제아무리 폭넓게 진행된다고 해도 인간의 삶에는 항상 돈을 써서 해결할 수 없는 문제의 영역이 남아 있게 될 것이며, 이 부분에서의 문제를 해결하기 위한 유형·무형의 수단은 돈벌이 이외의 방법을 찾을 수밖에 없다.[12]

그렇다면 여기에서 심각한 질문이 나오게 된다. 돈벌이 경

---

[12] 칼 폴라니는 결코 이렇게 두 영역이 완전히 하나로 합쳐지는 일은 아예 이론적으로 있을 수 없다고 강하게 주장한다. 사회의 보편적 상품화가 진행될수록 이것이 사회 조직 자체를 와해시키는 효과를 낳기 때문에 사회를 보호하고 상품화의 진전을 막는 일종의 길항(拮抗) 작용인 '이중적 운동(double movement)'이 벌어질 것이라고 생각했기 때문이다. (칼 폴라니 지음, 홍기빈 옮김, 『거대한 전환』, 길 참조.) 21세기에 들어 사람들이 얼마나 순순히 자발적으로 상품화의 현실을 환영하며 맞아들이고 있는가의 현실을 보면 폴라니가 너무 순진했다는 생각이 들기도 한다. 하지만 결국에는 지나친 상품화에 대한 사회 전체 차원에서의 저항이 나타날 가능성은 결코 무시할 수 없다고 생각된다.

제와 중첩되지 않는, 오롯이 살림/살이 고유의 영역에 속하는 문제들은 어떻게 풀어야 하는가? 다시 말해서, 돈벌이가 아닌 살림/살이는 어떠한 원칙과 원리로 풀어내야 하는가? 여기에서 돈벌이 경제학이 아닌 살림/살이 경제학이 필요하다는 문제가 나오게 된다. 대학에서 가르치는 경제학은 앞에서 말했듯이 사실상 돈벌이 경제학에 불과하다. 선택을 잘해서 돈 많이 벌고 큰 만족 얻는 법을 가르치는 학문이기 때문이다. 하지만 심지어 가장 발달된 자본주의 한복판이라 할 대한민국 서울에서의 삶에도 여전히 돈벌이로 해결되지 않는 살림/살이의 문제들은 산적해 있다. 개인의 삶으로 보자면, 나의 결혼 상대는 어떻게 조달해야 하는가? 나에게 맞는 직업은 어떻게 선택해야 하는가? 노후 시간을 보낼 삶의 방식은 어떻게 계획해야 하며 거기에 필요한 것들은 어떤 것들이 있으며 또 어떻게 준비해야 하는가? 나의 아이들은 무엇을 생각하고 무엇을 할 줄 아는 사람들로 키워야 하는가? 그렇게 하기 위해서 필요한 교육 수단과 방식은 무엇이며 어떻게 조달할 수 있는가? 집단적인 차원으로 가면 더욱 문제가 많아진다. 사람들의 삶에 가장 쾌적하고도 지속가능한 자연환경은 어떤 것이며 그것을 어떻게 조달할 것인가? 어떠한 교육 체제가 사회 성원들 모두의 인생을 가장 풍요롭고도 활발하게 피어날 수 있도록 하는 체제인가? 작업장 환경과 노동 문화는 어떻게 해야 하는가? 육아와 출산을 사람들이 두려워하지 않게 하기 위해서는 어떠한 사회적 환경을 조성해야 하며 그것에 필요한 수단은 어떻게 발견하고 조달할 것인가? 등등. 이러한 문제들을 그저 화폐로 계산되는 바의 '경제화(economizing)'라는 원칙 하나만으로 제대로 풀 수 있다고 생각할 사람은 없을 것이다. 게다가 이러한 문제들은 앞으로 사라질 성격의 것들도 아니다. 오히려 위의 문제들은 전통적 사회에는 개인들이 알아서 숨어서 혼자 해결하도록 내맡겨 두었던 것들로서, 공적 토론의 주제가 되는 일이 드물었다. 이런 문제들 하나하나가 오늘날 대두되고 있는 것은 산업 사회라는 새로운 조건 때문이다. 이러한 문제들은 '저절로' 풀어주거나 아예 발생시키지도 않았던 전통적 삶의 방식이 해체되면서 나타난 것들이기 때문이다. 따라서 이러한 문제들을 해결할 살림/살이 경제학의 제기는 너무 돈만 앞세우는 세태에 맞서 옛날의 전통적·도덕적 가치를 복원하자는 소극적이거나 낭만주의적인 푸념이 아니다. 산업 사회가 진정 개인적·집단적 차원에서 인간다운 삶을 가능케 하도록 조직되게 만들기 위해서 반드시 필요한데도, 그 심대한 필요성에 비추어 지금까지도 놀랄 만큼 제대로 발전되지 않고 있는 학문이 바로 살림/살이 경제학이다.[13]

합리성과 돈벌이 경제학

그런데 살림/살이 경제학에 대한 이야기를 진행시키기 전에 먼저 다루어야 할 질문이 있다. '살림/살이 경제의 영역이 존재한다고 해도, 경제 계산이 가능해야 이를 합리적으로 조직할 수 있는 것이 아닌가'라는 것이다. 이 질문은 결코 가벼이 여길 수 없이 중요하고 그 대답도 간단하지 않은 문제다. 살림/살이라고 할지라도, 그것을 잘하기 위해서는 최대한 합리적으로 이룰 필요가 있다. 그런데 이를 위해서는 경제 계산이 필수적으로 필요해진다. 작은 규모에서의 경제 활동, 예를 들어 친구들끼리 돌아가면서 점심을 산다든가 어머니가 가족들에게 필요한 것들을 조달한다든가 하는 경우에는 숫자를 통한 계산, 즉 회계(accounting) 활동이 꼭 필요하지 않을 수 있다. 하지만 경제 활동의 규모가 질적으로 양적으로 또 시간적으로 공간적으로 확장되어 나가게 되면 이를 효율적으로 조직하기 위해서는 반드시 모든 경제 행위와 자원을 숫자로 바꾸어, 즉 화폐로 환산하여 다룰 수밖에 없게 된다. 살림/살이 경제에 있어서도 일정 규모를 넘어서게 되면 최소

---

13 이 문제는 이 책의 결론 부분에서 좀 더 이야기하기로 한다.

한 '계산수단으로서의 화폐'의 사용은 불가피하다는 것이다. 그런데 여기에서 한걸음 더 나아가 돈벌이 경제의 필연성을 도출하는 논리로까지 발전하기도 한다. 돈벌이 경제란 특별한 종류의 영역에 국한되는 특별한 종류의 경제가 아니라 모든 종류의 경제 활동에 내재하고 있는 보편적 합리성이며, 살림/살이 활동이라고 해도 결국 일정한 규모에 달하게 되면 돈벌이 경제학의 관점으로 다룰 수밖에 없고 또 그것이 가장 합리적이라는 것이다. 요컨대, 돈벌이 경제학은 모든 경제 활동이 궁극적으로 지향해야 할 보편적 합리성을 정형화시킨 것이며 따라서 보편적으로 적용되어야 한다는 것이다. 이러한 논리는 '경제적 합리성'을 발견한 19세기 유럽인들의 의식에 결정적인 영향을 미쳤다. 그래서 이들은 살림/살이 경제[독일 역사학파의 용어로 '자연 경제(Naturalwirtschaft)']는 반드시 화폐 경제 혹은 신용 경제로 진화해 나가게 되어 있다는 경제사의 진보사관을 낳았으며, 이는 좌파든 우파든 할 것 없이 현대 경제학을 지배하는 사고방식이 되었다. 즉, 살림/살이 경제란 '미개한' 혹은 '저발전' 단계의 경제에 불과하며 돈벌이 경제는 더 우월하고 더 보편적인 경제 형태이므로 역사적인 경제 발전의 목적지기도 하다는 것이다.

이 질문을 전면적으로 다루는 것은 무척 복잡하고 무거운 논의를 필요로 하지만, 우리의 논지에 있어서는 간단히 다음의 문제만을 지적하기로 한다. 이러한 논리는 '경제 계산의 필연성'과 '돈벌이 즉 이윤을 목적으로 하는 경제'라는 두 가지 별개의 문제를 하나로 혼동한 것에 문제가 있다. 내가 '돈벌이 경제' 그리고 '돈벌이 경제학'이라고 부르는 것은 단순히 돈을 단위로 하여 경제적 계산을 하는 행동을 지칭하는 것이 아니다. 당연하게 살림/살이를 기획함에 있어서도 다종다기한 계산이 필요하고 많은 경우 그것이 돈을 단위로 하여 이루어져야 하는 것 또한 물론이다. 계산상의 합리성은 인간만사 어디에나 필요한 것이라고 할 수 있다. 문제는 이러한 계산상의 합리성을 유일무이의 합리성으로 여기고, 여기에서 한걸음 나아가 가장 적은 투입(화폐로 계산된)으로 가장 많은 산출(화폐로 계산된)을 낳는 사고방식, 즉 최대의 이윤을 창출한다는 원리 하나만으로 인간 만사를 조직하는 것이 최선이라고 생각하여 행동이 이루어지는 영역을 돈벌이 경제라고 부르는 것이며, 또 그것을 하나의 정상적 규범으로 여겨 이론을 구성하는 경제학을 돈벌이 경제학이라고 부르는 것이다. 전통적 경제가 아닌 복잡한 산업 사회에서의 경제는, 개인적 차원에서도 집단적 차원에서도 고도로 정교화된 계산 행위가 필수적으로 요청되는 것은 당연하다. 하지만 인간 세상에는 이러한 계산상의 합리성 이외에도 여러 다른 차원에서의 합리성이 병존하게 되어 있다. 그리고 이러한 다른 차원의 합리성은 이윤 극대화라고 하는 것 말고 다른 원리에 근거한 합리성의 차원을 갖게 마련이다. 이러한 복수의 여러 합리성은 때로는 이윤 극대화 차원의 합리성보다 우월한 지위를 갖게 될 수도 있고, 또 그 자신이 계산적 합리성에 의미와 기능을 부여하는 독자적 원리가 될 수도 있다. 요컨대, 당기순이익과 자산의 증식을 목표로 짜여진 기업회계 이외에도 여타의 사회적 목표와 합리성을 조직 원리로 하여 새로운 범주로 구성된, 이를테면 사회적 회계(social accounting) 같은 것이 얼마든지 성립할 수 있다는 말이다. 그리고 그렇게 고려해야 할 여러 다른 합리성들을 찾아내고 서로 견주어 보는 합리성이 바로 살림/살이의 합리성이라는 것이다.

경제 행위에서 이 합리성이 갖는 여러 차원을 명시적으로 논의한 최초의 사람이 아마도 막스 베버(Max Weber)일 것이다. 그는 '형식적 합리성'과 '내용적 합리성'을 뚜렷하게 구별한다. 그에 따르면, 경제 활동에서의 합리성에는 형식적 합리성 이외에도 내용적 합리성이라는 차원이 분명히 존재한다. 형식적 합리성은 목적-수단 관계에서의 합리성(Zweck-Mittle Rationalität)이며, 결국 화폐를 사용한 수량적 계산의 합리성으로까지 발전하게 된다는 것이다. 그리고 베버가 강조하고 있는바, 이러한 형식적 합리성은 영리 기업이나 고리대업자 등의 손을 거치면서 단순히 계산상의 합리성에 멈추지 않고 그렇게 숫자로 파악된 전체의 증식이라고 하는 새로운 종류의 합리성, 즉 자본 회계의 합리성으로까지 발전하게 된다는 것이다. 반면 내용적 합리성이란 가치를 절대적으로 중시하는 차원에서의 합리성이다. 즉 어떠한 가치를 추구해야 하며 왜 추구해야 하는지를 따지는 합리성이다. 이 두 개의 차원에서 합리성이란 전혀 다른 차원에서의 문제이므로 혼동되어서는 아니 된다고 주장한다.

  예를 들어 보자. 어느 쓰러져가는 대가집에서 막내딸을 결혼시킨다고 하자. 뽑을 기둥뿌리는커녕 당장 생계도 잇기 어려운 지경에 처해 있는데도, 그 대가집의 가장은 빚을 내서라도 가장 화려하고 사치스러운 결혼식을 치러야 한다고 주장할 수 있다. 이는 형식적 합리성이라는 차원에서 보자면 전혀 터무니없이 비합리적인 일일 것이다. 하지만 만약 그 가족 성원이 자신들의 체면과 사회적 평판을 무엇보다도 중요한 가치라고 철석같이 믿고 있다면 이는 얼마든지 합리적인 일이라고 할 수 있다. 반대의 더욱 극적인 사례도 있다. 몇십 년 전 어느 세계적 자동차 회사에서 실제로 벌어져 많은 논란을 일으켰던 일이다. 그 회사가 새로 개발한 모델의 자동차가 브레이크에 설계상의 심각한 결함이 있어서 많은 사상자가 나고 있다는 것이 확인되었고 경영진 또한 이 점을 인지하였다. 하지만 회사는 이 문제를 해결하기 위해 조립 라인 자체를 새로 설계하는 비용과 사고가 날 확률을 감안한 예상되는 피해자들에 대한 배상액을 재어 본 뒤 전자가 후자보다 크다는 이유로 조립 라인을 그대로 유지하기로 결정하였다. 이는 어떤 희생을 치르더라도 인명의 사상은 막아야 한다고 생각하는 내용적 합리성의 관점에서 보면 실로 어처구니없는 짓이겠으나, 이윤의 극대화라는 자본 회계의 형식적 합리성에서 보면 대단히 합리적인 행위다.

오히려 더욱 흥미로운 질문은, 이렇게 인간 행위에 공존하는 여러 가지 합리성 중의 하나에 불과한 계산적 합리성, 나아가 자본 회계의 합리성이 어쩌다가 다른 모든 합리성을 압도하는 절대지존의 자리에 서게 되었는가다. 그리하여 인생과 사회의 만사만물을 이 '더 많은 이윤을 창출할 수 있는가'의 관점에서 바라보고 측량하고 실제로 동원하게 되는 돈벌이 경제의 행태가 온 세상을 지배하게 되었는가를 역사적으로 해명하는 것이야말로 19세기 말 이후 베버, 좀바르트, 짐멜, 베블런, 루카치 등 수많은 인문학과 사회과학의 대가들을 끊임없이 매료시킨 질문이었다. 좀바르트는 이러한 '자본주의 정신'이 어떻게 출현하여 온 세계를 지배하게 되었는가를 대저 『근대 자본주의(*Der Moderne Kapitalismus*)』 여섯 권에 걸쳐서 풀어내었으며, 베버의 유명한 논문 「프로테스탄트 윤리와 자본주의 정신」 또한 근본적으로 이 질문에 답하기 위한 노력이었다. 철학, 역사학, 사회학, 경제학에 걸친 이들 연구의 큰 합의는, 이런 식으로 돈벌이의 합리성이 온 세계를 지배하여 최고의 합리성으로 여겨지게 된 것은 극히 최근의 일이며 그 과정에서 수없이 많은 인간 세상의 제도, 사상, 종교, 문화가 상전벽해의 변화를 겪어야만 했다는 것이다. 이를 종합하여 가장 간명하게 이 돈벌이 경제의 합리성에 대해 내린 대답을 우리는 미국의 제도주의 경제학자였던 웨슬리 미첼(Wesley C. Mitchell)의 저작에서 찾을 수 있다. 그에 따르면, 현대 경제학이 상정하고 있는 호모 이코노미쿠스, 즉 이익의 극대화를 위해 합리적으로 계산하여 행동하는 인간이란, 결코 초역사적인 인간의 행태가 아니며, 그것 자체가 근대적 회계, 주식회사, 근대 은행, 자본 시장 등의 화폐적 제도들(pecuniary institutions)이 출현한 결과로 나타난 것에 불과하다는 것이다. 즉 흔히 경제학자들(특히 이른바 '신제도주의 경제학자들')이 생각하듯이 인간의 경제적 합리성이 제도를 만든 것이 아니라 거꾸로 화폐적 제도들 때문에 그러한 경제적 합리성이 출현했다는 것이다.[14]

인간 세상에서 특히 고도로 발전된 산업 사회에서 경제적

---

14 Wesley Mitchell, "The Role of Money in Economic Theory" in *The Backward Art of Spending Money* (New York: August M. Kelley, 1937)

계산은 개인으로나 집단으로나 피할 수 없는 운명이다. 살림/살이의 경제 또한 일정한 규모에 이르게 되면 합리적인 경제적 계산은 필연적으로 요청된다. 하지만 이러한 경제 계산의 합리성이 돈벌이 경제(학)의 조직원리인 더 많은 이윤을 남긴다는 합리성과 동일한 것은 아니다. 인간 세상에는 돈벌이 경제와 돈벌이 경제학 또한 필수불가결의 한 부분을 차지하게 되어 있는 것도 사실이다. 하지만 이윤의 극대화라는 돈벌이의 합리성이 유일무이의 경제적 합리성은 결코 아니며, 지배적인 합리성인 것은 더더욱 아니다. 이것이 살림/살이 경제의 존재를 분명히 인지하고 그 독자적 합리성을 탐구하는 살림/살이 경제학이 존재해야 할 이유다.

2

살림/살이 경제학에서 돈벌이 경제학으로

고대와 중세 그리고 근대 이전의 세계 각 문명에서 사람들이 오래도록 품고 있었던 살림/살이 경제학의 패러다임, 즉 인간의 살림/살이 속에 묻어 들어 있는 윤리적·도덕적·정치적·미학적 또 그 밖의 수많은 고려와 지혜는 이제 '비과학적'인 것으로 폄하되어 마침내 진지하고 체계적인 논의의 바깥으로 밀려나게까지 되었다.

그런데 앞 장에서 이야기한 내용에 대해 의문이 하나 생길 수 있다. 본래 경제의 의미가 살림/살이 경제이며 돈벌이 경제라는 의미 그리고 돈벌이 경제를 이루는 심리와 행태는 이후 각종 화폐적 제도들의 발생 및 발달과 자본주의 경제가 안착된 이후에 나온 것이라면, 어째서 오늘날 우리가 학교에서 배우고 있는 경제학은 그러한 사실들을 이야기하지 않는 것인가? 앞 장에서도 말했듯, 학교의 경제학은 인간의 경제 행위를 사실상 돈벌이 행위와 동일한 것으로 보는 것을 전제로 하여 이론을 구성하고 있지 않은가? 이 의문에 대답하기 위해서는 현재 읽혀지고 있는 대부분의 경제 사상사 책에서 다루어지지 않고 있는 시대의 경제 사상, 즉 '경제 사상사의 전사(前史)'라고 할 만한 시기로 돌아가서 경제 사상사의 흐름을 다시 일별해 볼 필요가 있다.

경제 사상사 연구 유감

오늘날 경제 사상사 연구와 저술은 크게 위축되었고 미국이나 한국의 경우에는 가르치는 대학도 몇 곳 남아 있지 않을 만큼 거의 사라진 분야이기도 하다. 그리고 사람들에게 널리 읽히고 있는 경제 사상사 저작들도 그 구성이나 내용에 있어서 거의 천편일률이라고 할 만큼 정형화되고 말았다. 그 이유는 대략 이러하다. 현대 경제학은 주류 경제학과 마르크스 경제학 모두 자신들의 이론 체계를 자연과학과 크게 다르지 않은 하나의 과학적 체계라고 확신하고 있다. 따라서 비록 중세와 근대 초의 연금술이 화학 발전에 엄청난 기여를 했고 아리스토텔레스 철학이 물리학이나 생물학 발전에 중대한 기여를 했음에도 불구하고 이를 과학사의 흥밋거리 이상으로는 진지하게 연구하거나 발전시키지 않는 것처럼, 이들 또한 하나의 '완결된' 과학적 체계로서의 자신들의 이론이 성립한 이상 그 이전의 경제 사상은 오로지 경제 학설사에 흥미를 가진 극소수의 연구자들 이외에는 다시 발견하고 연구할 필요가 없다고 생각하는 경향이 강하다. 따라서 연구의 열기도 사그라들었을 뿐만 아니라 그 내용의 편제 또한 현존하는 경제 '과학'은 어떻게 성립하였는가라는 일종의 휘그(Whig) 사관과 같은 형태로 구성되기 때문에 획일적인 모습이 될 수밖에 없다.

  이는 철학사와 큰 대조를 이룬다. 오늘날 '현대 철학'의 시기로 접어들었으므로 플라톤, 아리스토텔레스의 책들을 다락방에 처넣어야 한다고 생각하는 철학자는 없으며, 오늘날 철학이 당면한 여러 난제들을 풀어나갈 영감을 얻고자 하는 이들은 철학사를 공부하고 또 공부하는 것을 당연한 일로 여기고 있다. 경제학도 항상 지금과 같았던 것은 아니다. 불과 20세기 중반까지만 해도 경제 이론가들에게 있어서 경제 사상사 및 경제 학설사는 가장 중요한 연구 주제였다. 20세기의 가장 독창적이고 체계적인 경제 이론가의 한 사람인 조지프 슘페터(Joseph Alois Schumpeter)의 1천 페이지가 넘는 기념비적 저작 『경제 분석의 역사(*A History of Economic Analysis*)』가 그 좋은 예가 될 것이며, 그 이전 칼 마르크스가 『자본론』 원고를 본격적으로 집필하기 전에 작성했던 어마어마한 분량의 경제 학설사 정리—그 일부는 소위 자본론 제4권이라고도 불리는 『잉여가치학설사』로 출간된 바 있다—는 말할 것도 없다. 어쩌면 이들에게 있어서 경제학이란 오늘날처럼 자연과학을 흉내 내려고 안간힘을 쓰는 학문이 아니라 철학과 마찬가지로 인간과 사회라는 수수께끼를 끝없이 풀어가는 인문학에 더욱 가깝다고 여겨졌던 것인지도 모른다.

하지만 1970년대 이후의 현대 경제학은 물론이고, 심지어 이 이전의 대가들조차도 경제 사상사를 바라봄에 있어서 공유하고 있었던 선입견 혹은 편견이 하나 있다. 그것은 (정치)경제학이 본격적으로 성립한 시점을 18세기 중농주의자들과 애덤 스미스 이후로 보는 시각이다. 이러한 생각을 부동의 것으로 정착시켰던 것은 "중농주의자들이야말로 본격적인 경제 분석의 아버지"라고 떠받들었던 마르크스의 공(혹은 죄) 또한 적지 않았다고 할 수 있다. 그래서 본격적인 돈벌이 경제학을 전개했던 주류 경제학의 지적 전통에 대해 이의를 제기하려고 했던 비판적인 경제학자들도 애덤 스미스 이전으로까지 거슬러 올라가서 경제 사상사를 재구성해 보려고 노력하는 경우가 많지 않았다. 중요한 예외로서 이들 이전의 이른바 '중상주의자들' 특히 그들의 '총수요' 이론과 화폐 금융 이론에서 영감을 얻어 (신)고전파 경제학에 대해 비판적 입장을 취했던 케인스나 슘페터 같은 이들도 물론 있다. 특히 주류 경제학 및 마르크스주의 경제 이론의 화폐 금융 이론에 좌절을 느껴 이러한 정통파적 경제 사상사의 주변 혹은 그 이전으로까지 거슬러 올라가려고 했던 이들이 있다. 하지만 이 중상주의자들을 넘어서 중세 경제 사상 그리고 고대 경제 사상으로까지 올라가서 좀 더 장기적인 역사적 시각에서 거꾸로 과연 중상주의자들로부터 시작되어 애덤 스미스 이후에 완결된 체계를 가지게 된 돈벌이 경제학을 반성하는 작업은 극히 찾아보기 힘들다. 물론 거의 모든 경제 사상사 교과서에서는 플라톤의 '사유제 폐지론'이나 '상인론' 그리고 아리스토텔레스의 '이자 비판', 토마스 아퀴나스의 '공정가격론' 등등의 이야기들이 짧게나마 다루어지고 있다. 하지만 이는 어디까지나 애덤 스미스라는 경제학의 시조가 출현하기 전의 배경 지식 정도로 의례적으로만 다루어지고 있을 뿐이며, 그 자체로 하나의 독자적인 의의를 부여하는 논의는 찾아보기 힘들다.

　이 작업은 깊이 있게 이루어지기 위해서는 서양 고전 언어는 물론 역사와 철학에 대한 깊은 연구가 병행되어야 하는 작업으로서 손쉽게 달려들 엄두를 내기 힘든 과업이다. 하지만 이 장에서 한 가지만은 짚고 넘어가고자 한다. 중상주의자들이 출현했던 초기 자본주의 이전의 경제학 혹은 경제 사상은 분명코 살림/살이 경제학 혹은 경제 사상이었다. 이는 어디까지나 개인과 집단이라는 인간의 살림/살이를 인간의 경제라고 이해하여 "살림/살이를 어떻게 펼쳐내야 할까"라는 윤리적, 도덕철학적 문제의 틀에서 논의된 것이다. 물론 어떻게 필요한 재화와 돈을 조달할 것인가—아리스토텔레스가 말하는 '획재술(chrematistike)'—의 문제가 무시되었던 것은 아니다. 하지만 이는 어디까지나 집안 살림(oekonomia) 그리고 나라 살림(politike)이라는 문제의 틀 안에서 그 일부분으로서 논의되었던 것이다.

그러던 것이 16세기 최소한 17세기의 서양으로 들어오게 되면 큰 변화를 겪는다. 때는 바야흐로 르네상스 이후 서유럽 전체에서 자유로운 가격 형성 시장이 사방에서 확장되고 있는 순간이었고, 따라서 당시 상시적인 전쟁 상태에 처해 있었으며 이에 대처하기 위한 물적 자원으로서의 화폐에 목 말라 있었던 초기 근대 국가의 군주들로서는 시장의 운동 그리고 가격의 등락 등의 원인이 무엇인가 그리고 여기에서 자신들이 거두어들일 수 있는 세금 수입을 극대화하기 위해서는 어떻게 해야 하는가에 관심을 두지 않을 수 없었다. 이렇게 하여 시장과 가격 등락이라는 미증유의 현상 앞에서 국가의 부를 극대화하기 위한 지식과 기술로서 우리가 보통 중상주의라고 부르는 흐름의 수많은 논설과 논자들이 나타나게 된다. 하지만 이때가 '돈벌이 경제학'이 '살림/살이 경제학'을 대체한 때라고 보아서는 안 된다. 이때까지만 해도 이러한 돈벌이 경제학과 그 이전 몇 천년 전으로부터 윤리학 도덕철학의 틀을 입고서 집안과 나라의 살림/살이로서 내려온 경제학이 다르다는 것은 분명히 인식되고 있었다. 그리고 전자는 어디까지나 '국가와 왕실의 번영'이라는 후자의 목표에 종속되는 것이며 그 기술로서의 '획재술'이라는 것도 인식되고 있었다.

그러다가 18세기에 들어 이신론(Deism)적인 자연주의 사상을 배경으로 삼았던 프랑스의 중농주의자들과 스코틀랜드의 애덤 스미스는 이렇게 애매하게 병존하고 있었던 살림/살이 경제학과 돈벌이 경제학을 하나로 통합하는 최초의 틀을 제시하게 된다. 이후 리카도 및 고전파 경제학자들을 거치면서 이렇게 경제학의 중심 범주는 '가치'로 옮겨가게 된다. 이후 이 가치의 실체가 무엇이며 그것을 어떻게 측정할 것인가라는 중상주의 이후의 오랜 질문이 경제학을 구성하는 중심적인 질문의 자리를 굳히게 되면서 마침내 경제학은 오늘날 우리가 눈앞에서 보고 있는 돈벌이 경제학의 체계를 형성해 나가게 된다.

고대 그리스의 '경제학'

현대 사회에서 통용되고 있는 '경제'라는 말을 처음으로 만들어낸 이들은 고대 그리스인들이었다. 영어의 economy

의 어원이 되는 그리스어 oekonomia는 '가정'을 뜻하는 oikos와 '질서, 법률'을 뜻하는 nomos가 붙어서 만들어진 말이었다. 좀 어처구니없게 들릴지 모르겠으나, 글자 그대로 이 말의 본래 뜻은 '집안 살림'이라는 것이었으니, 우리가 오늘날 생각하는 경제와는 실로 큰 차이가 있다. 만약 어느 대학의 가정관리학과 교수가 나서서 경제학과를 향하여 "당신들은 우리에서 갈라져 나간 학문을 하고 있다"고 외치면 경제학과 교수들은 얼마나 황당한 표정을 지을까?

하지만 이는 터무니없는 말이라고만 할 수는 없다. 고대 그리스 사회의 기초 단위는 '폴리스'였으며, 그것을 이루는 기초 단위는 다시 '오이코스' 즉 가정 경제였다. 폴리스란 기실 산이 많은 그리스 지역에서 우물이나 시냇물을 얻어 농사를 지을 수 있는 땅에 옹기종기 모여든 여러 '가정'으로 이루어진 작은 공동체에 불과하였다. 이 '가정'들은 다시 가부장을 정점으로 하여 그의 아내와 자식, 노예들과 가축, 그리고 주변의 토지로 구성된 하나의 경제적인 자급자족 단위였다. 이렇게 스스로 만족하는 삶을 살아가는 살림/살이 단위로서의 오이코스는 때때로 자급자족할 수 없는 여러 상황, 대표적으로 전쟁 위협과 같은 것에 부닥치게 된다. 이렇게 되면 주변에서 나란히 살아가는 여러 오이코스의 주인들—폴리스의 '시민들'—이 함께 모여서 개별 오이코스 차원이 아닌 전체 '폴리스' 차원의 문제를 논의하고 또 함께 실제로 문제를 풀어나가게 된다.

이러한 생활 패턴이 최소한 기원전 8세기 이후로 그리스 지역에 정착된다. 여기에서 오이코스의 운영도, 또 폴리스의 운영도 처음 몇 세기 동안은 심각한 논쟁이나 철학적 문제를 발생시키지는 않았다. 이를 운영하는 원리와 원칙은 모두 '자연(physis)'에 의해 만들어진 것을 그대로 따르면 된다는 생각이 지배적이었기 때문이다. 하지만 아테네를 필두로 하여 민주주의 정치와 시장경제가 생겨나기 시작하면서 기존의 소박한 폴리스와 오이코스의 운영 원리 또한 변화하지 않을 수 없게 되었고, 이와 맞물려서 나타난 소피스트 등의 철학자들은 그러한 기존의 집안 차원과 나라 차원에서의 살림/살이의 원리가 '자연'적인 것이 아니라 기실 인간들이 언어와 약속으로 만들어낸 '관습적 법률(nomos)'에 불과한 것임을 역설하게 된다. 그러자 집안 살림/살이를 어떻게 해야 하는가 나아가 폴리스의 살림/살이를 어떻게 해야 하는가는 기원전 4세기 이후 아테네에서 중요한 철학적 논쟁의 주제로 떠오르게 된다.

이러한 배경을 생각해보면, 살림/살이로서의 경제학이 서양 지성사에서 나타난 최초의 모습이 '가정관리학'이었다는 것도 그다지 이상한 일은 아닐 것이다. 이 말을 제목으로 달고 있는 최초의 저서, 즉 '최초의 경제학 책'이라고 할 수 있는 크세노폰(Xenophon)의 『가정관리학(Oekonomikos)』의 내용을 보면 실감이 날 것이다.[15] 크세노폰은 명예롭고도 미덕 넘치는 인간 행위(kalokagathia)의 유형을 전쟁 사령관, 폴리스 행정관, 농장 경영자의 세 가지로 제시한 바 있는데, 이 저작에서는 바로 훌륭한 농장 경영자란 어떤 사람인가를 집중적으로 논의하고 있다. 그래서 나오는 이야기라는 것이 가부장의 아내는 아이들을 어떻게 가르쳐야 하고 농장 일꾼들을 어떻게 다루어야 하는가와 같은 '좁쌀영감' 같은 문제들로 시작하여 수확을 최대로 불리려면 농사일을 어떻게 계획해야 하는가 등으로 이어지는 모양새다. 이 책은 이후 헬레니즘 시대는 물론 로마 제국의 시대까지 모든 농장주들이 읽어야 하는 필독서로서 많은 영향을 끼쳤고, 심지어 르네상스 말기까지도 대토지 소유주들(latifundaria)은 모두 열독하여 마지않았다고 한다. 폴 새뮤얼슨이나 맨큐와 같은 인기 '경제원론' 저자들의 선구자가 크세노폰이라고 해야 하는 것일까.

하지만 무엇보다도 후세에 큰 영향을 준 그리스의 '경제학자'는 말할 것도 없이 아리스토텔레스다. 그 또한 '경제'의

---

[15] 영어 번역본은 다음에서 읽을 수 있다. http://www.gutenberg.org/files/1173/1173-h/1173-h.htm

문제를 이 집안 살림이라는 틀에서 논의했던 것은 의문의 여지가 없다. 비록 아리스토텔레스가 저술한 것은 아니지만, 그의 영향을 받은 제자들이 저술하여, 그가 창설한 '소요학파(逍遙學派: peripatetic school)'에서 널리 읽혔던 것으로 추정되는 저작 『경제(Oekonomica)』의 내용을 보자.[16] 세 부분으로 구성된 이 책의 첫 부분에서 저자는 집안 살림뿐만 아니라 이제는 폴리스 차원에서의 살림/살이 또한 이 '경제'의 문제가 된다는 것을 역설하며, 두 번째 부분에 가면 집안 살림 이야기를 떠나서 여러 참주들과 폴리스의 지도자들이 성공적으로 살림/살이를 꾸리고 재물을 획득해 온 사례들을 죽 늘어놓고 있다.

하지만 그의 사상은 크세노폰과 같이 훌륭한 집안 살림/살이의 모습을 묘사하는 수준에서 그치거나 이렇게 여러 재물 획득 기술만 나열하고 관찰하는 데서 그치지 않는다. 『니코마코스 윤리학』 제5권과 『정치학』 제1권에 집중적으로 제시되고 있는 그의 '경제학'은 집안 살림/살이란 무엇이며 어떤 원리로 구성되어야 하는가 그리고 그것이 윤리학과 정치학의 궁극적인 목적인 '최상의 삶(eudaimonia)'과 어떻게 연결되

---

16 책이 저작된 시기는 알렉산더 대왕 이후에서 기원전 2세기 사이로 추정되고 있다.

는가 등의 실로 근원적인 철학적 반성을 제시하고 있으며, 또 당시 시장경제가 크게 일어나고 있었던 당시 아테네의 사회 상황을 반영하여 화폐와 이자라는 현상 및 교환 가치/사용 가치라는 현상 등에 대한 깊이 있는 분석 그리고 '정의로운' 분배는 어떻게 이루어져야 하는가의 '경제 정책론' 등 돈벌이 경제학에 해당하는 내용도 풍부하고도 깊이 담고 있다.

먼저 아리스토텔레스는 가정의 살림/살이를 위한 경제 행위인 '오이코노미아'와 재물을 획득하기 위한 기술인 '크레마티스티케(chrematistike)'를 명확하게 구별한다. 후자는 그야말로 기술적인 문제가 되겠지만 전자의 경우에는 '훌륭한' 살림/살이에 따라올 수밖에 없는 온갖 고민들, 즉 좋은 가부장이 된다는 것은 무엇인가, 왜 주인은 노예의 좋은 벗이 되어야 하는가, 가족 구성원들이 지향해야 할 '좋은 삶'이란 무엇인가 등등의 질문들을 담고 있는 윤리학적인 문제가 된다. 그리고 여기에서 아리스토텔레스는 이 두 가지의 목적-수단 관계를 분명히 해야 함을 역설하고 있다. 즉 재물 획득 기술이 살림/살이라는 목적의 수단인 것이지 그 관계가 역전되어서는 아니 된다는 것이다.

여기에서 그는 살림/살이라는 목적의 수단으로서 이루어지는 재물 획득 활동과 그 목적을 벗어나서 스스로를 목적으로 삼아서 오히려 살림/살이를 그 수단으로 삼아버리는 재물 획득 활동을 다시 나눈다. 즉, '크레마티스티케'는 두 가지가 있으니, 하나는 '사용을 위한 생산 혹은 조달'이요 다른 하나는 '이윤을 위한 생산 혹은 조달'이라고 할 수 있다. 여기에서 아리스토텔레스는 이 두 번째 재물 획득 활동을 목적 수단이 전도된 잘못되고 '비자연적인' 것이라고 비판한다. 당시의 수많은 아테네 시민들은 돈에 눈이 멀어서 무엇이 목적이고 무엇이 수단인지를 잃어버리게 되었다는 것이다. 그리하여 급기야 생식도 임신도 할 수 없는 돈이 '새끼'(tokos: 이 그리스어는 이자라는 뜻과 새끼라는 뜻이 모두 담겨 있다)를 치는 고리대처럼 실로 비자연적인 작태까지 벌어지게 되었다는 것이다. 다른 곳에서 그는 인간이 살림/살이를 꾸리는 '자연적인' 방법을 여섯 가지 나열하는데, 그중에서는 강도 및 노략질도 들어간다. 이는 아리스토텔레스가 고리대나 이윤을 위한 상업(kapelike)을 얼마나 혐오했는지를 잘 보여주는 예일지도 모른다.[17]

이러한 아리스토텔레스의 살림/살이 '경제학'은 이후 약 1,500년 동안 유럽은 물론 이슬람 세계에도 큰 영향을 미치게 된다. 다시 말해서, 이렇게 '경제'의 문제를 집안과 나라

---

[17] 다른 곳에서 나는 아리스토텔레스의 경제 사상에 대해서 좀 더 자세히 논한 바 있다. 졸저, 『아리스토텔레스, 경제를 말하다』(책세상, 2001).

의 살림/살이로 볼 뿐만 아니라, 이런 저런 재물 획득의 방법과 기술을 집안과 나라가 어떻게 해야 좋은 삶을 누리게 될 것인가라는 궁극적인 목적에 어떻게 결합시킬 것인가가 최소한 16세기 이전까지 유럽의 '경제학' 저작들을 지배했던 중심적 질문이었다고 해도 크게 그릇된 말은 아닐 것이다. 또 이러한 집안과 나라의 살림/살이라는 패러다임이 근대 이전 유럽에서만 발견되는 것도 아니다. 구약 성경, 인도 사상, 중국 사상 등에서 모두 이렇게 가정과 나라의 윤리적 살림/살이의 수단이요 하위 항목으로서 재물 획득과 조달의 문제를 접근하는 태도는 어디서나 볼 수 있다.

시장경제의 발흥과 계산적 합리성

이렇게 '살림/살이 경제학'이 돈벌이 경제학이라는 패러다임을 압도하는 상황은 시장경제의 발생 정도와 밀접한 관련이 있다. 시장경제가 발달하지 않은 고대 및 중세 사회의 사회 구성을 잠깐 생각해보자. 기층에서는 농업·어업·목축업 등에서 민중들이 직접 생산을 하고 있으며 이들의 주거 및 생활 형태는 자급자족을 중심으로 삼는 다양한 형태의 가정 경제(household)가 될 수밖에 없다. 이러한 기층의 생산 조직들을 기초로 삼아 건설되는 복합 사회(complex society)는 종교적인 합리화의 기술, 대단위의 폭력 조직, 물자와 인력의 조직과 동원과 배분을 관리하는 관료 조직 등을 필요로 하며 그 정점에는 지배 계급이 군림하고 있다. 이 복합 사회 전체, 특히 기층의 직접 생산자들과 상층의 지배 계급 사이에서의 인적·물적 자원의 분배와 유통은 이러한 종교, 군사, 관료제 등의 조직으로 이루어진 사회의 위계 체제 내에 묻어 들어가 있게 된다. 따라서 여기에서 살림/살이를 해나간다는 것, 즉 필요한 물자와 자원을 조달한다는 것은 이러한 종교, 군사, 관료제의 조직이 갖는 내부적인 논리와 긴밀하게 결합되어 이루어질 수밖에 없다. 그리고 그것을 실제로 조직하고 이루는 방법에 대한 논의는 그 각각의 사회 조직들과 위계 서열 내부에 묻어 들어 있는 '내용적 합리성'의 '가치', 즉 윤리나 도덕 혹은 정치 및 권력 논리 등의 문제와 불가분으로 결합될 수밖에 없다.

하지만 화폐를 통하여 인적·물적 자원이 이동하게 되어 있는 경제, 즉 화폐 경제 혹은 시장경제가 등장하게 되면 어떨까? 여기에서는 다시 베버가 말했던 '형식적 합리성' 즉 계산상의 합리성이 전면에 대두되기 시작한다.

만약 여기에 돼지 등뼈, 들깨, 감자, 소주라는 물건을 나열하면 사람들은 모두 다 '감자탕 소주 파티'라는 목적을 바로 연상하게 될 것이며, 장미, 은쟁반, 하얀 초콜릿, 고급 샴페인 등등을 나열하면 모두 다 '로맨틱한 파티'를 연상하게 될 것이다. 만약 밸런타인데이를 맞은 갓 시작한 연인들에게 이 두 가지 목록을 제시한다면 선택은 분명히 후자로 이루어질 것이다. 그런데 양쪽의 목록을 줄줄이 대는 대신 각각의 화폐 가치를 합산하여 7만 원과 17만 원으로 제시한다고 해보자. 아무것도 연상되지 않는다. 일단 숫자만 보이게 된다. 느닷없이 "어차피 하룻밤인데 왜 돈을 써? 악착같이 아껴야지"라는 돈 계산 마인드가 작동하기 시작한다. 그래서 결혼 1주년 기념일을 맞은 가난한 부부는 아마도 장미꽃과 샴페인을 흘끗거리면서 마트에 들러 감자탕 재료와 소주를 사갈 것이다. "그래도 밸런타인데이인데!"라고 외치면서 17만 원을 '질러' 버리고 마는 행위도 나름대로 합리적이며, 이것은 '내용적 합리성'이 된다. 그리고 "로맨스 무드가 밥 먹여 주냐. 감자탕에 소주가 배도 부르고 값도 싸다"고 생각하는 것도 나름대로 합리적이며, 이것은 '형식적 합리성'이 될 것이다. 인간은 어느 쪽으로도 행동할 수 있다. 어느 한쪽만 합리적이라고 할 수는 없는 일이다.

여기서 중요한 관건은 돼지 등뼈에서 은쟁반과 샴페인에 이르는 다양한 물건들을 모두 가격이라는 숫자로 표상할 수 있는가 없는가에 있다. 이런 수적 표현을 가능하게 하는 사회적·기술적 장치와 제도가 제한되어 있다면, 사람들의 행동과 선택은 내용적 합리성에 기대어 벌어질 경우가 더 많을 것이다. 반대로 그 전에는 상상도 하지 못했던 자원과 행위까지 화폐 가치를 붙여서 표상하는 일이 가능해진다면, 사람들의 행동과 선택은 그 전에는 상상조차 하지 못했던 인간 활동의 영역까지도 계산적 합리성에 의해 결정되게 될 것이다.

이를 잘 보여주는 예가 있다. 앞에서 나는 중세 유럽의 경제 사상은 압도적으로 아리스토텔레스적인 살림/살이 경제학의 틀이 지배했다는 식으로 이야기를 폈다. 하지만 그 반대로 대단히 돈벌이 경제학적인 사고방식이 이미 르네상스 한참 전인 14세기의 전성기 중세(high medieval period)에 나타났다는 연구가 있다.[18] 오렘(Nicole Oresme), 로저 베이컨 등의 중세 스콜라 철학자들의 경제 관련 저작들을 보면 아퀴나스와 같은 윤리적인 살림/살이 경제 사상과는 전혀 다르게 순전히 화폐에 의한 계산의 합리성만을 추구하는 논설들을 얼마든지 찾아볼 수 있다고 한다. 당시 유럽 주요 도시에서는 시장이 활발하게 번성하고 있었으며 특히 도시 한복판에서 이러

---

18 Joel Kaye, *Economy and Nature in the Fourteenth Century: Money, Market Exchange, and the Emergence of Scientific Truth* (New York: Cambridge University Press, 1998).

한 환경에 노출될 수밖에 없었던 당시 파리와 런던의 대학의 철학자들은 화폐라는 현상을 주의 깊게 관찰하고 있었다. 그리하여 마침내 15세기경이 되면 이 세상의 모든 것들을 화폐 가치로 표현하는 것이 가능하며 화폐라는 매개체로서 서로 간의 등가관계를 표현하고 그에 기초하여 세상의 통일성을 구성할 수 있다는 생각으로까지 발전하게 되었다는 것이다. 하지만 이들이 꿈꾸었던 만큼 세상 만물을 화폐 가치로 표현할 수 있는 여러 제도와 장치들은 유감스럽게도 당시에는 발달되지 못했다. 주식 시장도, MBA들도, 발전된 통계 기법과 데이터베이스도, 능숙한 투자은행도 또 토지 감정 기관도 존재하지 않았고 존재할 수도 없었다. 따라서 이들이 꿈꾼 이상이 실현되려면 21세기 혹은 그 이후까지 오랜 시간을 기다릴 수밖에 없었다. 하지만 이 중세 스콜라 철학자 일부의 경제 저작들은 이미 살림/살이 경제가 내포하고 있는 일체의 윤리적·도덕적 고려와 무관하게 순수한 가격 체계로서 만물 만사를 구성하는 지적인 프로젝트가 당시로서는 세계적으로 보아 문명의 '깡촌'이라고 할 수밖에 없었던 중세 유럽에서조차 착상될 수 있었다는 것을 보여주는 중요한 사례일 것이다.

만약 이렇게 세상의 만사와 만물이 화폐라는 수량 단위로 통일적인 표상의 방법을 얻게 된다면 경제 사상에는 어떤 변화가 벌어지게 될까. 그리고 기존에 물자와 인력을 동원하고 배치하는 방법이었던 사회적 위계 구조가 무너지게 되면 어떻게 될까. 이것이 16세기 이후 현재까지 유럽을 시작으로 하여 전 세계적으로 벌어지게 된 장기적 추세다.

근대 국가의 전쟁과 중상주의 경제 사상

중세 말기 이후 유럽에서 화폐 경제가 등장하게 된 과정에는 무수한 요인들이 작동하였고 그에 대한 연구 또한 대단히 많다. 하지만 중요성에 비하여 심히 간과되어 왔던 요인이 있으니,[19] 그것은 르네상스 시기 이후 초기 근대 국가들이 항시적으로 만들어냈고 또 스스로 시달리기도 했던 '전쟁 상태'라는 것이다.

16세기 이후 서유럽은 거의 모든 정치 단위들이 서로를 정복하고 합병하는 보편적 전쟁 상태에 들어가게 되며, 이는 1648년 베스트팔렌 조약으로 독일의 30년전쟁이 종료될 때까지 지속된다. 이 상황에서 모든 군주들에게 사활이 걸린 문제는 전쟁에 필요한 화폐의 조달이었다. 당시의 병사들은

---

[19] 중요한 예외로는 Werner Sombart, *Krieg und Kapitalismus* (Muenchen und Leipzig: Verlag von Duncker und Humboldt, 1913).

급료를 받고 목숨을 파는 근대 사상 최초의 '임노동자'였다.[20] 뿐만 아니라 화승총이나 대포 및 폭약과 같은 최신식 무기의 동원을 위해서는 실로 돈이 시루에 붓는 물처럼 무한정으로 들어갔기에, 돈에 쪼들리지 않는 군주란 찾아보기 힘들었다. 어떤 군주들은 연금술에 희망을 걸고 많은 돈을 '투자'하기도 했지만, 결국 이들이 기댈 수 있는 가장 확실한 현금 수입원은 역시 조세였다. 따라서 이들은 어떻게 하면 더 많은 조세를 거둘 수 있을까에 골몰하여 갈수록 더 큰 조세를 거두어 들였고, 또 그렇게 해서 거두어들인 돈을 전쟁과 사치로 전 유럽에 뿌려댄 최대의 소비자이기도 했다. 이들의 행동이 그래서 근대의 화폐 경제가 확립되는 데 대단히 중요한 역할을 했다고 보지 않을 수 없다.

처음에 군주들이 화폐를 확보하는 수단은 상당히 투박하고 원초적인 것들이었다. 군주들은 유럽 어디에든 일정한 세수를 내놓는 영지가 있으면 이를 정복으로든 혼인이나 혈통으로든 자신의 것으로 만들기 위해 기를 썼다. 그리고 이렇게 하여 최대한 확보한 세수를 원천으로 하여, 푸거(Fugger) 등의 금융가로부터 전쟁과 사치에 쓸 거액의 자금을 대출받

---

20 영어 soldier의 어원은 soldat, 즉 '은화를 지급 받는 자들'이라는 말에서 나왔다.

는 식이었다. 하지만 이렇게 더 많은 영지의 합병과 대은행가 및 상인들로부터의 자금 대출 등과 같은 초보적 방식은 곧 한계에 부닥치게 된다. 빚에 쪼들리던 군주들이 은행가 및 상인들에게서 꾼 돈을 제대로 갚지 않거나 갚지 못할 수 있다는 가능성이 현실화되는 일이 속속 벌어지면서 제아무리 합스부르크 왕조처럼 유럽 굴지의 왕가라고 해도 아무렇게나 필요한 대로 돈을 구할 수는 없게 되었다. 따라서 16세기가 끝나가면서 유럽의 군주들은 점차 어떻게 하면 자신이 동원할 수 있는 현금의 기초를 더 확대할 것인가를 초미의 관심사로, 사실상 국가 통치에 있어서 가장 중요한 측면으로 보게 된다.

그리하여 우리가 이른바 '중상주의(mercantilism)'라는 이름으로 총칭하는 약 200년 정도의 경제 사상사의 기간이 시작된다. 초기인 16세기에서 17세기 중반까지의 저작들은 주로 군주에게 세수와 재정을 늘릴 수 있는 다양한 방법들, 즉 주화 주조의 원리, 물가 인상과 주화 개악(debasement)의 관계, 상업의 기술 등등 상당히 잡박한 내용을 다루고 있다. 그러다가 17세기 중반 토마스 먼(Thomas Mun)의 저작 이후로는 결국 왕실 재정을 튼튼하게 하기 위해 조세의 양이 많아지려면 국내의 화폐량이 많아야 하고, 국내의 화폐량을 많게 하기 위해서는 수출을 최대한 많이 하고 수입을 최대한 줄여서 무역 차액을 남겨야 한다는 체계적인 공격적 무역 이론으로 발전하게 된다.

　이러한 측면이 훗날 애덤 스미스 이후의 자유주의 자유무역 이론가들에게 있어서 '중상주의'라는 나쁜 뜻의 명칭으로 불리게 되면서 '중상주의'는 보통 자유무역과 자유방임을 부정하고, 국내의 산업에 국가가 마구 개입하여 자유무역의 질서를 어그러뜨리고 무작정 보호무역주의를 취하는 (어리석은) 입장이라는 뜻이 되고 말았다. 자유주의 경제학자들에 따르면 중상주의자들은 부의 실체가 생산과 소비라는 점을 이해하지 못하고 그저 그 "교환의 매개 수단에 불과한" 화폐 혹은 귀금속에만 걸신이 들린 어리석은 경제학자들이라는 것이다. 자유주의 경제학자들의 논리가 옳고 그르고를 떠나서, 이러한 협소한 관점으로 그 200년이 조금 안 되는 기간 동안 나왔던 다종다기한 경제 사조를 단순화시켜버리는 위험에 주의해야 한다. 실제로 이들의 저서를 조금만 살펴보아도 이들이 그렇게 단순무지한 이론을 전개한 것이 아님을 알 수 있다. 이미 토마스 먼부터 실제로 돈을 벌기 위해서는 '자연적 부', 즉 실제의 생산과 산업을 장려해야 한다는 점이 명확하게 인지되고 있으며, 훗날 제임스 스튜어트(James Steuart) 같은 이의 저작을 보면 화폐의 유통과 생산의 부흥이 가지고 있는 관계가 대단히 역동적이라는 점에 대해 뚜렷이 인지하는 부분들을 볼 수 있다. 그리고 프랑스의 콜베르 재상과 같은 이는 결국 왕실 재정을 풍부하게 하기 위해서는 수출 전략 산업을 왕실이 나서서 강력하게 장려하는 수밖에 없다는 점을 이해하여 현대의 산업 정책이라 할 만한 것의 원초적 모습을 보여주고 있다.[21]

하지만 이러한 풍부함과 다양성에도 불구하고, 애덤 스미스 이후의 자유주의 경제학자들이 이들에게 붙인 '중상주의'라는 딱지에는 중요한 하나의 진실이 들어 있다고 보인다. 바로 이들이 부의 실체를 사고함에 있어서 돈벌이—옛날 경제 사상의 용어로는 '획재술(chrematistike)'—를 중심으로 생각하기 시작한 패러다임의 일대 전환을 가져왔다는 것이다. 중농주의자들과 애덤 스미스가 그들의 이론을 전개하기 전에는, 부란 결국 일정한 화폐로 귀결되는 것이라는 입장이 지배적이었던 것은 분명한 사실인 듯하다. 즉 '돈벌이 경제학'이 본격적으로 등장하게 되었다는 것이다. 사실 이러한 사고

---

21 Erik Reinert, *How Rich Countries Got Rich. And Why Poor Countries Stay Poor* (New Delhi: Anthem Press, 2008)는 고전파 경제학과의 비교를 통해 '중상주의 경제 사상'을 규정하는 흐름과 단절하고 이들 저작이 경제 사상사에서 독자적이고 더 오래되었을 뿐만 아니라 현대에까지 독립적인 흐름을 이루고 있는 '다른 정전(The Other Canon)'으로 보아야 한다는 입장을 보이고 있다.

방식의 전환이 차지하는 중요성은 아무리 강조해도 지나치지 않다. 근대의 경제학—자유주의 경제학과 마르크스주의 경제학 모두—은 경제학이라는 학문의 기초가 이 중상주의 사상을 극복하여 비로소 마련될 수 있었다는 관점에서 경제 사상사를 정리하고 있기에 고대 경제 사상에서 중상주의자들까지를 모두 한 묶음으로 하여 '진정한 경제학이 시작되기 전의 역사'라는 식으로 정리해 버린다. 하지만 이러한 경제 사상사관은 중대한 문제가 있다. 중상주의 경제 사상과 고전파 이후의 근대 경제학이 중요한 차이가 있음은 물론이다. 하지만 전자는 그 이전의 살림/살이 경제학이라 할 고대 및 중세 경제 사상과 구별되는 돈벌이 경제학의 패러다임을 최초로 정초했다고 볼 수 있는 것이며, 이 점으로 볼 때는 훨씬 근대 경제학에 가까운 것이라고 해야 한다. 그런데 이 점이 간과되어 버리는 것이다. 요컨대, 서양 문명 및 인류의 경제 사상사에서 진정으로 중대한 단절이 벌어졌다고 한다면 이는 고대 및 중세 경제 사상의 살림/살이 경제학 패러다임과 고전파 경제학 이후에 생겨난 돈벌이 경제학 패러다임 사이에서의 단절이지 결코 중상주의 경제학과 중농주의 및 고전파 이후 경제학 사이의 단절이라고 보아서는 아니 된다는 것이다. 후자의 간극을 생물 진화에 있어서 원숭이와 현생 인류의 간극으로 비교한다면, 전자의 간극은 식물과 동물의 간극만큼

이나 큰 것이기 때문이다.[22]

 그 결과 인간 지성사에 있어서 정말로 중요한 전환이라 할 이 '살림/살이 경제학에서 돈벌이 경제학으로의 전환'의 의의와 중대성을 제대로 평가하고 부각하는 경제 사상사는 실로 만나보기 힘들다. 만약 푸코(Michel Foucault)가 이야기하는 '에피스테메'의 단절이라는 것이 정말 있었다면 이는 바로 이 중상주의까지의 경제 사상과 중농주의 및 고전파에서 시작되는 이후의 경제 사상과의 사이에서 찾아져야 한다.[23] 이 점이 간과된 결과는 참으로 심각한 것이라고 생각된다. '획재술'로서 화폐 획득에 관심을 쏟았던 중상주의에 대한 반동으로서 중농주의 이후로는 경제라는 현상은 반드시 '실물'이

---

22 중상주의 경제 정책이 고전파 경제학자들이 몰아붙인 것처럼 그렇게 시장 경제의 적(敵)이라 할 수 없으며 오히려 시장경제의 발전을 크게 앞당긴 가장 중요한 동인이었다는 점은 쉬몰러(Gustave Schmoller)나 헥셔(Eli Hecksher) 등에 의해 지적된 바 있다. 최근에 나온 Lars Magnusson, *Mercantilism: The Shaping of an Economic Language*(New York: Routledge, 1994)는 경제 사상사에 있어서도 '중상주의' 시기의 경제 사상이야말로 애덤 스미스 이후의 경제학의 토대를 닦은 것으로 보아야 한다는 중요한 수정을 시도하고 있다. 하지만 이 저작은 중상주의가 중농주의나 고전파나 신고전파처럼 체계를 갖춘 일관된 사상 체계가 아니었다는 점을 강조하는 가운데 그것이 그 이전의 경제 사상과 갖는 단절의 의의가 얼마나 큰가에 대해서는 말하지 않는 편향이 있다. 이 책의 주장대로 중상주의야말로 현대 경제학의 어휘와 질문들을 정초한 것이라고 한다면, 그 자체로 그 이전과 비교하여 중요한 하나의 실체가 될 수 있는데도 말이다.

라는 기초에서 해명되어야 한다는 편향이 나타났기에, 진정한 '금전적 경제(pecuniary economy)'라고 할 자본주의 경제 현상 자체에 대한 해명도 몇 백년째 헛바퀴를 돌게 되었다.[24] 또 동시에 경제학의 패러다임이 살림/살이와 돈벌이라는 상이한 두 가지가 있을 수 있다는 점이 계속 간과되면서 오로지 돈벌이 경제학만이 '경제'를 바라보는 유일한 패러다임이라는 편견을 근대인들에게 심어 놓게 되었다.

---

23 미셸 푸코 또한 르네상스 이전과 이후의 경제 사상 사이에서 인식론적 단절을 찾기보다는 고전 시대의 경제 사상과 19세기 사이에서 찾고 있다. Michel Foucault, *The Order of Things*(New York: Random House, 1970). 대신 이렇게 중농주의와 고전파 이후의 '자연법'적 세계관이야말로 그 이후의 경제 사상을 특징짓는 편견이라고 갈파한 주요한 저작들이 있다. Thorstein Veblen, "The Preconceptions of Economic Sciences" *Quarterly Journal of Economics*, 13, 1899. 또, 결론 부분에서 언급할 뮈르달의 저작 또한 이 점에서 중요하다.

24 후술하겠거니와, 이 문제점을 가장 먼저 간파한 이는 소스타인 베블런(Thorstein Veblen)일 것이다. 그는 '영리 활동(business)'과 '산업(industry)'이 그 기원에 있어서나 작동 논리에 있어서나 명백하게 상이한 영역이라는 점을 명확히 하고서 자본주의 경제의 역동성의 해명을 후자에 대한 전자의 지배에서 찾는 관점을 명확히 하였다.

중농주의자들과 애덤 스미스의 '자연적' 체계

중상주의자들은 '돈벌이 경제학'을 시작한 이들이라기보다는 그 이전의 전통적인 '살림/살이 경제학'의 틀 안에 있었던 이들이라고 보아야 한다. 아직까지 이들 중 다수는 돈벌이와 개인 및 집단의 살림/살이가 별개의 문제라는 점만큼은 분명히 인지하고 있었다. 이들이 제아무리 '획재술'의 중요성과 그 구체적 기술에 대해서 파고들었다고 해도 이것이 궁극적으로는 국민들의 생활을 윤택하게 하고 또 국가 및 군주의 권력과 영광을 확장한다는 개인 및 국가의 살림/살이의 도구라는 점은 분명하게 인식하고 있었다. 물론 돈벌이 경제를 관심의 중심으로 놓았던 이들의 저작은 다시 그렇게 하여 개인 및 국가의 살림/살이가 윤택하고 풍성해진다면 이를 또다시 더 많은 화폐를 얻을 자원으로 활용할 수 있다는 점을 결코 놓치지 않았다. 하지만 이렇게 서로서로 맞물리는 목적-수단 관계에서, 돈벌이 경제라는 논리 하나로 인간 세상의 작동 논리 전체를 새롭게 구성한다는 정도의 '가치의 전도'는 아직 보이지 않는 듯하다.

그런데 여기에서 프랑스의 중농주의자들(Physiocrats)이 나타난다. 이들이 경제 사상사에 있어서 이룬 획기적인 혁신은 바로 '자연법'이라는 논리적 체계를 동원하여, 인간 세상의 모든 요소와 모든 측면들을 총망라하는 거대한 이론적 체계를 구성하는 것이었다. 이들은 당시 프랑스의 재상이었던 콜베르가 정열적으로 추진하던 중상주의 정책을 도저히 참을 수 없었다. 콜베르는 국가의 재정 수입을 늘리기 위해서 프랑스에서 수출에 있어서 우위를 가졌다고 보이는 여러 산업을 육성하려 하였고 그 와중에서 몇몇 국가와 결탁한 대상인들에게 엄청난 특혜를 주었다. 결국 프랑스의 화폐 경제는 이들의 독점적 이윤 그리고 그를 매개로 한 왕실 재정의 풍요라는 목적에 맞추어 '왜곡'되어 가는 것이 이들 눈에는 분명하였다. 따라서 이들은 그런 식의 '산업' 부흥으로 진정한 부가 창출되는 것이 아니며, 부가 창출되고 분배되고 또 그 과정에서 더욱 확대 재생산되는 일련의 과정에는 분명한 '자연적' 질서가 있으니 국가가 함부로 이를 무시하고 들어서는 아니 된다고 주장하였다.[25] 이러한 논지를 펴기 위해서 이들은 '순생산물'이라는 개념적인 혁신을 이룬다. 즉 선금으로서 투자된 화폐가 거두는 이윤의 기초는 다름 아닌 생산 과정에서 물질적으로 창출된 물리적 부라는 것이다. 그리고 이

---

[25] 훗날 '자유방임(laissez-fair)'이라고 알려지는 문구는 이들의 저작에서 나온 것으로 알려져 있다.

들은 이러한 물리적 부가 실질적으로 창출되는 과정은 오로지 농업 생산 과정뿐이라고 주장한다. 따라서 농민들을 수탈하여 큰 산업을 일으키는 독점적 사업가들의 배를 불리는 것은 사실상 사회 전체를 빈곤으로 몰아넣는 것에 불과하다는 것이었다.

물론 이렇게 "오로지 농업 과정만이 순생산물을 만들어낼 수 있다"는 극단적인 자연주의의 명제는 여러 문제를 안고 있다. 프랑스를 여행하면서 중농주의자들에게서 많은 감명을 받은 명민한 스코틀랜드의 도덕철학자 애덤 스미스의 공로가 여기에 있다. 그는 존 로크와 윌리엄 페티(William Petty) 이래 영국 정치경제학 전통에서 대대로 내려 온 노동 가치론의 전통을 이어받아, 인간에게 있어서 실질적인 부라고 할 만한 것은 단지 물질적으로 새로이 창출된 농업에서의 '잉여' 농작물뿐만 아니라 인간이 노동을 투하하여 쓸모 있게 만든 세상의 모든 것이 모두 부(富)라는 입장을 취한다. 그리하여 그는 인간의 노동과 토지의 비옥함과 축적되어 있는 생산 도구라는 세 가지의 요소를 기초로 하여, 인간 세상에서 벌어지는 생산, 소비, 화폐의 축적과 분배, 조세, 세계 무역까지 몽땅 체계 안에 포괄하는 거대한 '자연적 법칙'을 구성하였으니, 이것이 그의 역사적인 노작 『국부론』에 전개되어 있는 바이다. 철학적 논리의 체계성에 있어서나 구체적 현실의 경험적 관찰에 있어서나 실로 타의 추종을 불허하는 이 놀라운 저작은 이렇게 하여 중농주의자들에게서 시작된 '자연적 체계'로서의 경제와 경제학의 구성이라는 작업을 완결하였고, 이는 이후 250년이 지난 오늘날까지도 현대인들의 의식을 근본적으로 규정하는 결정적인 영향을 끼치게 된다.

여기에서 주목할 점이 있다. '중상주의자들'의 저작까지 그래도 별개의 문제로 인식되고 있었던 살림/살이 경제와 돈벌이 경제라는 두 개의 틀이 이 중농주의자들과 애덤 스미스의 손에 오면 '자연법'이라는 거대한 체계 내에서 하나로 '통합'되었다는 것이다. 중농주의자들은 화폐 축적의 '자연적' 기초를 대기 위하여 농업 생산이라는 가장 '자연적'인 현상에 착목하였다. 애덤 스미스는 그러한 거친 '자연'의 개념을 넘어서서 인간의 '성정(性情)'까지를 '자연'의 개념에 포괄하여 "인간이 노동으로 일구어 내는 그 모든 것"을 '자연적' 부로 규정하는 혁신을 이루었다. 이들의 이론적 체계에서는 그렇기 때문에 농투성이들의 가정에서 벌어지는 생산과 살림/살이로부터 시작하여 국가가 무역에서 거두어들이는 조세와 수입이라는 고도의 화폐적 현상까지가 동일한 하나의 체계로 통합되기에 이르는 것이다. 사실상 많은 경제 사상사 저작들이 이들을 근대 경제학의 비조(鼻祖)로 삼는 것도 근거 없는 일은 아니다. 돈벌이 경제학과 살림/살이 경제학을 사실상 하나의 체계로 통합한다고 하는 아주 거시적인 차원에서의 혁신을 이룬 것이 이들이었으니까. 따라서 그 이후의 경제학자들은 이들의 저작 덕분에 '중상주의자들'의 저작까지 불편하게 물려 내려오고 있었던 살림/살이와 돈벌이라는 이율배반을 벗어던지고 새롭게 시작할 수 있게 된 것이다. 그래서 그러한 이전의 경제 사상은 모두 진부하고 새로울 것이 전혀 없이 그저 경제 사상사 저서의 앞머리 약간을 '성지 순례' 삼아 잠깐 서술하고 넘어가면 되는 '전사'쯤으로 치부해도 아무런 불편을 느끼지 않을 수 있게 된 것이다.

리카도와 가치론

그런데 여기에서 한 가지 문제가 남아 있다. 중농주의자들의 힘을 빌어 애덤 스미스가 통합해 놓은 그 거대한 '자연적' 체계의 경제학은 과연 살림/살이 경제학인가 아니면 돈벌이 경제학인가?

내 느낌으로는 당사자들 자체도 아마 제대로 답할 수 없을 것이다. 우선 중농주의자들의 이론에서 보이고 있는 현상이 과연 돈벌이 현상을 분석하고 있는 것인지 아니면 인간 세상 전체의 살림/살이의 과정을 분석하고 있는지는 극히 애매하며, 이는 그들의 저작에서 나타나고 있는 자본, 노동, 잉여 생산 등의 개념 범주 안에 들어 있는 끊임없는 개념 혼동에서 드러나고 있다. 애덤 스미스의 저작에서 일관되게 유지되고 있는 관점 하나는, 경제라는 현상을 알량하게 '화폐'라는 겉가죽으로만 이해하고서 그 근간이 되는 실제 사회와 자연에서의 생산과 소비라는 현상을 보지 않으려는 태도에 대한 비판이다. 하지만 그가 그러한 기초 위에서 화폐적인 여러 현상들을 설명하려 시도하는 많은 논리들에도 중상주의자들과 마찬가지의 개념적 혼동이 드러나고 있다. 비록 이러한 혼동이 발생할 때마다 스미스가 그의 놀라운 경험주의적 관찰의 명제들로 새로운 아이디어를 보여주고는 있지만, 이론적으로 대단히 혼란스럽고 잡박하다는 점만은 부인할 수 없다.[26] 요컨대, 이들의 이론체계에서는 살림/살이 경제 현상과 돈벌이 경제 현상이 뒤죽박죽으로 뒤섞여 있다는 것이다. 화폐적 범주들과 일상 생활에서의 범주들이 마구 섞여 있다는 것이다.

---

[26] 아마도 이러한 애덤 스미스의 이론적 혼란이 가장 잘 드러나는 곳이 바로 그의 가치 이론일 것이다. 한편으로 그는 생산 과정에 투하된 노동 시간으로 가치를 설명하려고 하다가 다른 곳에서는 생산물에 들어간 생산비용, 즉 지대, 이윤, 임금을 합산하는 '생산비 이론'으로 설명하려고 하다가 급기야 다른 곳에서는 생산된 생산물이 어느 만큼의 노동을 고용할 수 있는가라는 '지배 노동 가치설'까지 꺼내들고 있다.

데이비드 리카도가 불만을 가졌던 점도 바로 이 점이다. 어렸을 때 가출한 유태인으로서 주식 시장의 투기꾼으로 큰돈을 모은 바 있었던 리카도는 각종 화폐적 현상에 대한 본능적인 직감을 가지고 있었던 사람이기도 했다. 반면 당시의 영국이 안고 있었던 여러 절박한 문제들을 근원적인 차원에서 이론화하고자 했던 그였기에 어찌보면 도덕철학자 애덤 스미스보다 훨씬 더 '독종'의 자연주의자이기도 했다. 하지만 단지 '자연적' 이론 체계를 구성해 놓는 것이 그의 목적은 아니었다. 유력한 국회의원이었던 그는, 당시 산업혁명의 물결에 휩싸인 영국 사회가 기계제 생산과 빈민(pauper)―오늘날의 안목에서 보면 무산 계급(proletariat)―의 폭증이라는 절박한 문제를 놓고, '자본주의' 사회가 어쩔 수 없이 걸어갈 수밖에 없는 운명은 무엇인가, 그리고 그 운명의 파국을 최대한 늦추기 위해서는 어떠한 정책을 취해야 하는가를 명쾌한 이론적 명징성으로 증명하고자 했다. 따라서 그는 여러 화폐적 현상들 사이의 인과 관계와 함수 관계를 정밀하게 구성해 내고자 했으며, 그러한 목적에서 애덤 스미스의 저작에서 나타나고 있는 여러 가지 애매모호한 혼란을 걷어 내려고 노력하지 않을 수 없었다.

그러한 그의 이론적 관점을 아마도 '가치와 부의 구별'이라는 문구로 집약할 수 있을 것이다.[27] 스미스는 중농주의자들의 자연주의적 편향을 극복하려 애쓰는 가운데, 인간에게 쓸모가 있도록 인간이 노동한 것들 그래서 다시 인간을 꼬드겨서 일을 시킬 수 있는 물건들은 모두 다 부(富)라고 보았다. 그런데 '가치'는 어떻게 되는가? 그렇게 해서 인간이 노동으로 생산해 낸 것은 가치인가 부인가? 이 점이 스미스에게서는 극히 애매하고 혼동되어 있었다. 예를 들어보자. 풍년이 들어서 곡식이 사방에서 넘쳐난다고 하자. 그러면 '부'는 분명히 늘어난 것이다. 하지만 그렇다고 해서 농민들이 '가치'를 많이 얻어서 부자가 되거나 (요즘 말로) 국민총생산이 곱빼기로 늘어나는가? 그렇지 않다. 이렇게 되면 곡물 가격은 대폭락을 겪을 것이다. 따라서 노동자들이나 극빈층도 곡물을 좀 더 배불리 먹을 수 있는 '부'를 누릴 수 있을지는 모르나, 농민들의 소득 그리고 국민총생산 차원에서의 소득도 그다지 극적으로 불어날 것 같지는 않다. (리카도는 사실상 전혀 늘어나지 않는다고 보았다.) 이는 어떻게 된 것인가? 리카도는 스미스가 중농주의자들을 비판하는 용도로 사용했던 노동 가

---

27 애덤 스미스에 대한 이러한 리카도의 관점 차이를 처음으로 지적한 것은 마르크스의 『잉여가치학설사』다. 이러한 마르크스의 경제 학설사의 관점을 '기술 생산'의 축과 (화폐와 상품이라는) '사회적' 축이라는 구별을 중심으로 정리한 저서로서는 Isaak Illich Rubin, *A History of Economic Thought* (London: Ink Ltd., 1978)를 참조.

치론을 극단까지 밀고 나간다. 가치는 오롯이 노동에 의해서만 창조되며, 이는 '부'의 문제와는 전혀 별개의 것이라는 것이다. 풍년이 들어서 생산량이 늘어날 수는 있으나, 곡물의 실제 가격 즉 가치는 거기에 투하된 노동 시간에 의해서 결정된다는 것이다. 따라서 생산량이 늘어났다고 해도 농민들의 숫자가 늘거나 농민들 노동 시간이 늘어난 것이 아닌 한 곡물의 가치는 올라가지 않는다는 것이다.

 이는 아주 간단한 구별의 아이디어로 보이지만, 그렇지 않다. '경제'는 이제 인간의 살림/살이와의 관계가 더욱 멀어지고 오로지 숫자로 표현되는 '가치'라는 범주를 중심으로 철저하게 재구성된다. 애덤 스미스가 보았던 18세기의 반농반상의 시장경제와 달리 리카도가 보았던 19세기 초의 시장경제는 기계제 생산과 산업혁명이 온 사회를 집어삼키는 사태가 바야흐로 막 시작되려던 당시의 시장경제였다. 따라서 이 시대에 새로이 벌어진 무수한 '화폐적 현상들'—이자율, 인플레이션, 자본 축적률, 가격 형성 등—은 이제 서로 간에 있어서 일관되고도 '자연과학'을 방불케 하는 엄밀성으로 그 상호의 인과 관계가 재구성되어야 했고, 이를 위해서는 그 기초로서 애매모호한 '부'라는 개념을 추방하고 '가치'라는 개념을 튼튼하게 정립해야만 했다. 이리하여 리카도는 돈벌이 경제학의 거의 모든 문제에 있어서 완전히 새로운 이론적 혁신을 체계적으로 이룰 수 있었던 것이다. 물론 리카도가 그렇게 해서 구성했던 이자율, 자본 축적률, 가격 형성 등등의 이론 등은 그 이후 200년 동안 무수히 비판을 받아 왔다. 하지만 현대 경제학이 리카도에게 지고 있는 갚을 수 없는 빚이 있다면, 바로 '부가 아닌' 오로지 '가치'의 세계, 즉 좀 거칠게 말하자면 '가격'만으로 구성되는 세계를 처음으로 구성한 것이 리카도였다는 것이다. 내가 보기에, 그 이후의 거의 모든 경제학자들은 이 리카도가 처음으로 건설해 놓은 이상한 나라에 빠져 들어간 앨리스에 불과하다. 리카도야말로 인간의 실제의 생산과 소비, 즉 살림/살이와 완전히 무관한 오로지 '가치'만으로 구성되는 세계를 건설한 최초의 경제학자다. 그의 가치 이론은 한마디로 '노동의 희소성' 이론이라고 할 수 있다. 여기에서 우리는 이 책 1장에서 본 '희소성에서의 선택'이라는 경제의 정의를 볼 수 있다.

신고전학파와 그 이후: 돈벌이 경제학의 확립과 살림/살이 세계의 폐색

리카도는 중농주의자들이나 애덤 스미스와는 또 다른 의미에서 강렬한 '자연주의'적 편향을 가지고 있었다. 그리하여 그가 '가치 이론'의 기초로 삼으려고 했던 요인들은 토지의 비옥도, 농업의 한계 생산성 체감, 노동자 계급의 물리적 생존에 필요한 식량의 양 등과 같은 것들이었으며 그중에서도 가장 중요하게 보았던 것은 노동에 투하된 시간 즉 노동 시간이었다. 하지만 이러한 그의 노동 가치론으로 돈벌이 경제학을 일관되게 구성하는 것에 여러 문제가 발견되었다. 이후 경제 사상은 리카도의 극단적인 '자연주의' 편향을 극복하기 위해 인간적·사회적 요소를 들여오는 방향으로 전환하게 된다. 칼 마르크스는 자본-임노동과 상품 관계라는 사회적 형식(social form)의 문제를 들여와서 노동 가치의 실체를 "사회적으로 필요한 노동 시간"으로 다시 정의하여 더욱 철저한 노동 가치론에 근거한 경제 이론 체계를 구성한다.

다른 한편에서 가치 이론 구성의 출구로 기능했던 것은 바로 어떤 재화와 서비스를 통해 인간이 주관적으로 느끼는 즐거움(pleasure), 즉 쓸모 혹은 '효용(utility)'의 개념이었다. 그리하여 모든 화폐 현상의 기초가 된다고 여겨졌던 상품의 가치 혹은 가격은 그 상품을 통해 얻게 되는 효용과 그 상품을 얻기 위해 지출해야 할 희생 및 비용의 사이에서 결정되는 것이라는 소위 신고전파 경제학의 새로운 가치 이론이 나오게 된 것이다. 그리고 이러한 효용이 수학적으로 '함수'를 이루며 그것도 '미분 가능'한 '연속 함수'라는 암묵적인 가정이 들어오게 되면서, 그러한 가치 형성의 과정을 수학적으로 엄밀하고도 정밀하게 구성할 수 있다는 이론이 나오게 되었다.[28] 마샬(Alfred Marshall)의 『경제학원리』에서 정형화된 꼴을 갖추게 되어 이후 오늘날까지도 경제학 교과서에 거의 비슷한 모습으로 나오는 이 이론 체계는 소비자의 효용함수와 생산자의 생산함수에서 각각 수요곡선과 공급곡선을 도출하며, 한계수입과 한계비용의 교차점에서 생산량을 그리고 수요곡선과 공급곡선의 교차점에서 가격을 설명하게 된다.

이렇게 해서 나오게 된 현대의 신고전파 경제학을 살림/살이 경제학을 배격한 오로지 돈벌이 경제학이라고 부르는 것은 분명히 잘못된 이야기다. 이 이론에 가장 기초가 되는 '효용'의 개념을 생각해보라. 이것이야말로 인간이 개인이든 집단이든 살림/살이의 과정에서 부닥치게 되는 가장 중요한 문제라고 할 수 있다. 이 개념 안에는 그 어떤 당위적인 의미도 없다. 성경책을 읽어서 얻는 즐거움도 도색잡지를 읽어서 얻는 즐거움도 모두 포괄할 만큼 넓은 개념이다. 그래서 인간이 살림/살이에서 부닥치게 되어 있는 모든 문제들을 얼

---

28 물론 이는 터무니 없으며 어불성설이다. 경제 현상에서 발생하는 각종 상관관계 중에서 이렇게 '미분 가능한 연속함수'를 발생시키는 관계는 극히 예외적이다. 하지만 이는 전혀 언급조차 되지 않고 있는 듯하다.

마든지 모두 포용할 수 있는 개념이며, 그래서 인간 세상의 만사만물을 이렇게 '효용'의 개념으로 포착하여 그것이 어떻게 어느 만큼의 가격을 형성하게 되는가를 일관되게 설명—현실과 일치하는가 일치하지 않는가는 차치하고—하는 것이 현대 경제학이다. 옛날의 리카도나 마르크스의 노동 가치론에서는 "사용 가치가 철저하게 배제되어 있다"는 식의 비판이 통할 수 있을지 모르며, 또 그렇기 때문에 그들의 이론이 인간의 실제 살림/살이와는 아주 동떨어져서 철저하게 '가치'의 세계만을 연구하는 돈벌이 경제학이라는 식으로 비판할 수 있을지 모르나, 이렇게 '효용'의 개념을 중심으로 하여 오히려 가격을 포함한 모든 화폐적 현상들을 그것으로 환원하여 설명하는 이론이라면 오히려 살림/살이 경제학에 가까운 것이 아닐까.

오히려 문제는 여기에 있다. 중농주의자와 애덤 스미스 이래의 현대 경제학은 '시장'에서의 균형 가격과 거기에서 발생하는 잉여의 생산과 분배가 어떻게 되는가라고 하는 돈벌이 경제(학)의 체제를 무한히 확장하여 살림/살이 경제(학)를 그 하부의 체계로 포섭하여 버렸다는 것이다. 이리하여 살림/살이 경제(학)의 여러 측면들은 '가치'의 형성과 생산 및 분배 과정에 어떻게 작용하는가라는 측면과 연관해서만 유의미한 것으로 조명되었고, 그 자체로 독자적인 의미와 조직 원리를 가지고 있다는 점은 무시되었다. 이렇게 하여 중상주의 경제 사상의 시대까지만 해도 분명히 의식되고 있었던 개인과 국가의 살림/살이의 문제 그리고 거기에 담겨 있는 제반의 고려 사항들은 분명코 인간의 개인적·집단적 생활에 있어서 중차대한 것들임에도 불구하고 오로지 '가치의 형성'과 관련된 문제로 격하 축소되고 결국 고려에서 배제되기에 이른 것이다.

여기에서 잠깐 현대 철학의 개념 하나를 생각해보고 넘어가자. 현상학의 아버지라고 할 훗설(Edmund Husserl)이 말한 '폐색(閉塞: Okklusion)'의 개념이다. 훗설은 현대 학문의 위기를 성찰하는 과정에서 갈릴레이에서 시작된 소위 17세기 '과학혁명'의 성격을 근본적으로 비판해 들어간다. 상징주의와 신비주의가 뒤섞여 있었던 르네상스 시기의 자연과학은 갈릴레이의 방법론적 혁신으로 큰 변화를 겪게 된다. 갈릴레이는 우리가 살면서 경험하고 있는 세상을 하나의 독특한 '자연'의 개념으로 보아 이를 수학적으로 기술할 수 있는 형식으로 분해하여 재구성하는 방식을 도입했고, 이는 이후 뉴턴을 거치면서 근대의 자연과학이 글자 그대로 엄밀한 과학으로 발전하게 되는 데 중대한 토대가 된다. 그리고 이러한 현대 과학의 자연주의적-수학적 태도의 중대한 공헌을 높이 평가하지 않을 사람은 아무도 없을 것이다. 하지만 여기에서 중대한 질문이 나오게 된다. 이렇게 자연주의적-수학적으로 기술된 자연이 과연 우리가 생활을 펼쳐 나가는 생활 세계(Lebenswelt)에서 삶으로 경험하는 바로 그 자연인가? 분명히 그렇지 않다. 생활 세계에서의 자연은 사실상 우리 자신의 존재와 심지어 사회의 구성과도 불가분의 관계로, 그야말로 내적인 관계(ineinandersein)로 서로 연결되어 있다. 그리고 그것을 살아나가고 겪어나가는 실제의 주체는 하얀 가운을 입고 돋보기와 계산기를 들고 다니는 과학자가 아니라 우리 스스로라는 총체적인 자아, 총체적인 주체다. 그래서 이렇게 경험하게 되는 실제의 '자연'이란 때로 우리에게 신과 우주에 대한 영적인 영감을 주기도 하고 또 사회적 생산을 조직하기도 하는 등 다양한 의미와 행동이 펼쳐지는 곳이기도 하다. 하지만 이렇게 근대 과학이 제시하는 대로 자연주의적-수학적인 개념과 그 개념들로 재구성된 것만이 자연이라고 놓이게 되면, 우리의 생활 세계는 이러한 '과학'으로 인해 '폐색'당하게 된다는 것이다.[29]

  우리는 이 장에서 아득한 옛날 본래 인간의 살림/살이를

---

29 이는 사실상 화이트헤트(Alfred Whitehead)가 그의 근대 과학사 비판에서 '잘못된 구체성(misplaced concreteness)'이라고 불렀던 것과 동일한 개념이라고 보인다.

주된 관심사로 삼던 경제학이 근대 이후 화폐 경제와 자본주의가 발달하면서 화폐적 현상의 해명과 더 많은 화폐의 획득을 주요한 관심사로 삼는 돈벌이 경제학으로 전환하는 과정을 주마간산식으로 살펴보았다. 이 과정을 단순히 후자가 전자를 '밀어치우고' 대신 들어선 과정으로 이해해서는 곤란하다. 문제는 '폐색'이다. 인간이 스스로의 삶을 펼치면서 무한하게 다양한 목적과 무한하게 다양한 수단으로 무한하게 다양하게 엮어나가는 살림/살이라는 무한한 과정이, 이렇게 알량한 효용함수와 생산함수, 그리고 그를 기초로 하여 생성되는 '합리적인' 가격과 생산량이라는 관점으로만 포착된다는 것이다. 이 무궁무진한 자연의 전부가 알량한 몇 개의 수리적 공식과 도식으로 나타내어진 물리 화학 법칙일 수는 없다. 하지만 현대 과학은 그렇게 하여 나타나는 바의 자연의 모습을 '과학적 진리'일 뿐만 아니라 '본질적인' 자연의 모습이라고 생각하게끔 만든다. 마찬가지로 현대 경제학에서도 마찬가지의 폐색이 벌어지게 되었다. 고대와 중세 그리고 근대 이전의 세계 각 문명에서 사람들이 오래도록 품고 있었던 살림/살이 경제학의 패러다임, 즉 인간의 살림/살이 속에 묻어 들어 있는 윤리적·도덕적·정치적·미학적 또 그 밖의 수많은 고려와 지혜는 이제 '비과학적'인 것으로 폄하되어 마침내 진지하고 체계적인 논의의 바깥으로 밀려나게까지 되었다. 고대와 중세의 경제 사상가들은 살림/살이를 목적이요 근간으로 보아, '획재술'과 돈벌이를 그 수단이요 부분으로 바라보았다. 하지만 오늘날은 반대가 되어 버렸다. 인간 그리고 자연의 살림/살이는 화폐로 포착되는 바의 돈벌이 경제 현상으로 나타나고 또 그것과 관련이 있는 한도 내에서만 '경제적인 것'으로 보이게 되었다. '중상주의자들'이 본격적인 돈벌이 경제학을 시작한 이후 중농주의자들과 애덤 스미스 이후에 다시 '과학적' 체계를 수립해 온 현대 경제학이 이렇게 하여 살림/살이 경제학을 그 하부로 포섭해 버린 것이다.

3

살림/살이 경제학의 흐름과 재생

산업 시대라는 새로운 조건 속에서 처음으로 인간의 살림/살이의 문제를 사회 사상의 중심 문제로 제기한 공은 말할 것도 없이 19세기의 사회주의자들에게 돌아가야 할 것이다. 하지만 이는 사회주의 경제 사상에서 마르크스주의 경제학이 압도적으로 지배적인 위치를 점하게 되면서 좌절을 겪게 된다.

앞 장에서 우리는 살림/살이 경제학의 틀을 가지고 있었던 고대와 중세의 경제 사상이 돈벌이 경제학의 틀로 전환하는 과정을 묘사하였다. 하지만 이러한 묘사는 어디까지나 현대의 중심적인 경제학이 형성되어 온 줄거리에 대한 소묘(素描)일 뿐 결코 서양 경제 사상 전체를 포괄할 수 있는 이야기가 될 수 없음은 물론이다. 인간이라는 존재는 최소한 지금까지는 어떤 상황에서도 하나의 생각과 사상으로 획일화될 수 없는 존재임을 과시해 왔다. 경제 사상에서도 그러했다. 앞 장에서 본 것과 같은 돈벌이 경제(학)로 살림/살이 경제(학)를 일방적으로 포섭하는 과정에 대해서 이의를 제기하고 전혀 다른 방식으로의 출구를 마련한 사상가와 사조가 어느 시대에나 없었던 것은 아니다. 이러한 흐름을 재구성하여 '살림/살이 경제 사상사'를 집필하는 일은 그 의미가 막중하다 하겠으나, 아직 이를 체계적으로 구성할 만한 능력과 그럴 만한 연구의 축적이 나에게는 없다.[30] 그리고 그 수많은 경제 사상가들을 이 짧은 지면에 주마간산식으로 이름만 흘려 놓고 지나가는 것도 실로 무책임하고 독자에게 별 도움이 될 수 없는 일이 될 것이다.

하지만 그러한 흐름이 존재한다는 것을 의식하고 새로운 눈으로 경제 사상사를 바라보게 되면, 나 같은 둔하고 흐린 눈에도 어쩔 수 없이 두드러져 보이는 몇몇 거인들이 있다. 이들은 모두 새로운 살림/살이 경제 사상으로의 탈출구의 가능성을 제시한 이들이지만, 이러한 시각에서 바라보지 않아

---

[30] 지금 말한 살림/살이 경제 사상의 흐름이 본격적으로 서술된 저서를 적어도 나는 아직까지 만나 본 적이 없으나, 그에 가장 가까운 저서로서 Charles Gide et Charles Rist, *Histoire Des Doctrines Économiques Depuis les Physiocrates Jusqu'à nos Jours* (6é èdition-1944) (영역: Charles Gide and Charles Rist, *A History of Economic Doctrines: From the Time of The Physiocrats to the Present Day* (London: George G. Harrap and Co., 1948) 2nd ed.을 추천하고 싶다. 이 책은 20세기 중엽까지의 중요한 경제 학설과 이론을 골고루 다루면서도 이러한 학설들이 가지고 있는 내적 논리를 추적하고 요약하는 데 급급하기보다는 중농주의자들이 자연법적인 사회의 비전을 제시한 이후, 산업 사회의 여러 경제 문제들을 어떤 학설이 어떻게 반영하고 있는가라는, 상당히 '실체적인(substantive)' 접근을 하고 있다는 점에서 대단히 흥미롭다.

이들이 가지고 있는 살림/살이 경제 사상으로서의 의의가 간과되거나 폄훼되고 무시당하기까지 하는 일이 있었다. 이들 모두가 아주 방대한 경제 사상을 제시한 이들이기에 이들의 사상 전체를 이 짧은 면에 개괄하기에는 턱없이 부족한 일이다. 단지 이들의 사상이 살림/살이 경제 사상이 발전하고 풍부해지는 데 어떻게 기여했는가에 논의의 초점을 둘 것이다.

19세기 사회주의 경제 사상의 도전과 좌절

19세기 들어와 영국과 서유럽을 필두로 시작되어 이후 200년간 전 지구로 확산되면서 전 인류의 생활 방식을 근본적으로 바꾸어 놓은 것이 기계제 생산과 산업혁명의 도입이다. 이는 인간이 스스로의 살림/살이를 조직하는 방식, 즉 동료 인간들과 관계를 맺으면서 자연과 교호 작용하고 그를 통해 사회를 형성해 나가는 방식을 근본적으로 바꾸어 놓는다는 것을 함축하는 사건이었다. 그래서 인간의 살림/살이를 어떻게 조직할 것인가라는 고대 및 중세 이래의 오래된 경제 사상의 전통, 하지만 그 이전 몇 백년간 돈벌이 경제학의 발호로 인하여 많이 흐려졌던 경제 사상의 전통은 이 산업혁명이라는 미증유의 대사건 속에서 새롭게 그리고 그 이전과 비교할 수 없는 강도와 절박함으로 다시 제기되었다. 이 문제를 제기하는 이들은 기계제 생산이라는 새로운 조건이 그 이전 몇 천년 간 인간이 알아 왔던 바의 인간적 가치가 실현되는 살림/살이의 방식을 근본적으로 파괴할 위험에 처했고, 이를 해결하기 위해서는 기계제 생산과 양립 공존할 수 있는 새로운 살림/살이의 방식으로 사회를 근본적으로 재조직해야 한다고 주장하였고, 이것이 사회주의 운동의 가장 근본적인 출발 지점이 된다. 요컨대, 산업 시대라는 새로운 조건 속에서 처음으로 인간의 살림/살이의 문제를 사회 사상의 중심 문제로 제기한 공은 말할 것도 없이 19세기의 사회주의자들에게 돌아가야 할 것이다. 하지만 이는 사회주의 경제 사상에서 마르크스주의 경제학이 압도적으로 지배적인 위치를 점하게 되면서 좌절을 겪게 된다. 마르크스주의는 사회주의 운동을 철저하게 자본주의 체제의 전복과 파괴를 꾀하는 혁명적 사상 및 운동으로 전환시키고자 하였다. 그리고 마르크스주의 경제학은 살림/살이 경제 사상을 발전시키기보다는 그러한 혁명적 운동의 목표에 복무하기 위하여 '자본주의 체제의 모순과 사멸'에 대한 탐구로서 정치경제학을 발전시키려 들었고 그 결과 오히려 돈벌이 경제학이 더욱 튼튼하게 체계를 이루어가는 과정에 크게 기여하는 결과를 낳고 말았다.

초기 사회주의자들

앞에서 말했듯, 살림/살이 경제 사상의 필요성이 대두된 계기는 고대나 중세의 경제 사상 혹은 삶의 표준으로 돌아가자는 식의 낭만주의적인 지적 운동이 아니며, 오히려 기계제 생산의 도입과 산업사회의 도래라고 하는 극적으로 새로운 상황에 19세기 이후의 인류가 처한 것이 그 계기였다고 해야 한다. 영국의 공업 지역과 프랑스의 도시 지역에서 본격적인 산업화가 시작되고 있었던 19세기 초, 영감과 혜안을 가진 이들의 눈에는 이것이 지금까지 존재해 왔던 바의 인간 사회를 근본적으로 바꾸어 놓는 대사건이며 따라서 인간들은 이제 지금까지 존재한 적이 없었던 새로운 형태의 사회를 조직해야 한다는 것, 그리고 그러한 조직에 실패한다면 이루 말로 다할 수 없는 인간적·사회적 비극이 올 것이라고 주장하기 시작하였다. 이 중 중요한 몇 사람의 사상가들만을 시간 순으로 나열하면, 영국의 로버트 오언(Robert Owen)과 프랑스의 클로드 생시몽(Comte de Saint-Simon), 샤를 푸리에(Charles Fourier), 루이 블랑(Louis Blanc), 조제프 프루동(Joseph Proudhon) 등을 들 수 있다. 이들은 1848년 유럽 혁명이 끝나고 유럽의 국제적 노동 운동이 제1인터내셔널로 조직되고 마르크스 엥겔스의 '과학적 사회주의'의 영향 아래로 들어가기 이전의 사회주의자들이라는 점에서, 잠정적으로나마 '초기 사회주의자들'이라는 이름으로 부를 수 있을 것이다.[31]

'사회주의'라는 이름은 칼 마르크스 이래로 너무나 많은 이론과 명제와 개념들을 포함하고 있는 복잡하고 거대한 꾸러미로 바뀌었다. 하지만 그 기원에 있어서 이 말이 의미하는 바는 대단히 명쾌한 것이있으니, 이는 개인들을 단위로 하여 사회를 재구성하자는 시장경제의 기획에 맞서서 사회 단위에서의 재구성이 필요하다는 주장이었다. 즉, 사회주의란 처음에는 개인주의의 반대말이었던 것이다.[32] 이들은 당시 새로이 나타난 기계제 생산이 인간 사회에 근본적인 도전을 던지고 있음을 뼈저리게 인식하고 있었지만 기계 그 자체를 적으로 돌리지는 않았다. 이 기계에 의한 생산이라는 새

---

31 이 '초기 사회주의' 운동의 성격과 영향에 대한 좋은 입문서로는 George Lichtheim, *The Origins of Socialism* (London: Weidenfield and Nicolson, 1968); G. D. H. Cole, *A History of Socialist Thought Vol. I: The Forerunners, 1789-1850* (London: Macmilan, 1953); Alexander Gray, *The Socialist Tradition: Moses to Lenin* (London: Longmans, 1946)을 보라.

32 따라서 이 말은 본래 혁명적 사회 변혁, 민주주의, 부의 평등한 재분배 등의 이상과 반드시 연결되는 것이 아니었고 초기 사회주의자들 중에는 이러한 것들에 노골적으로 적대적 입장을 가진 이들도 적지 않았다. 사회주의라는 말이 최초로 쓰인 것은 1827년 영국 오웬주의자들의 신문이었던 것으로 알려지고 있다.

로운 생산력이 인류가 수천년간 보존해 왔던 여러 가치들과 양립할 수 있는 사회를 만들고자 했던 것이 이들의 바람이었다. 따라서 그들이 문제로 삼았던 것은 기계 그 자체가 아니라 그것을 사용하는 인간 세상의 조직 방식, 즉 '사회'였던 것이다.

이 점에서 이들은 당시 굳건한 '과학'의 자리를 차지하고 있었던 돈벌이 경제학, 즉 고전파 정치경제학이 제시하고 있었던 시장경제로서의 사회라는 비전을 근원적으로 공격하려고 했다. 폴라니가 지적한 바 있듯이, 시장경제란 기계제 생산에 적합한 형태로 인간 사회를 재조직하기 위한 첫 번째 시도였다고 할 수 있다. 본래 인간과 자연이 직접 상호작용하는 과정이었던 생산이 이제는 그 주역의 자리를 기계에게 내주게 되었고, 인간과 자연은 이 기계의 필요에 따라 필요한 만큼 필요한 때에 적절히 공급되어야 하는 '투입물'의 위치로 떨어지게 된 것이다. 그렇다면 인간과 자연은 (그리고 화폐는) 그것들을 칭칭 엮어 놓고 있는 기존의 정치적·사회적·문화적 관계로부터 뜯어져 나와 기계 소유주가 원할 때 원하는 만큼 원하는 방식으로 마음껏 구입하고 판매될 수 있는 '상품'의 형태를 띠도록 설계되었다. 그리하여 인간은 노동 그리고 자연은 토지 및 자원이라는 이름의 '허구적 상품'이 된다. 이렇게 하여 인간과 자연과 기계가 모두 시장경제의 자기 조정 과정 속에서 유기적으로 연결되어 기계제 생산을 운영할 수 있도록 재조직하자는 것이 고전파 정치경제학의 비전이었다.

초기 사회주의자들이 공통적으로 주장했던 것은, 이렇게 인간 사회의 만물만사를 시장에서 판매되는 상품으로 만들어버리는 조직 방식이 인간과 자연의 본성과 맞지 않으며, 결국 인간과 자연과 사회를 파괴하게 되어 있다는 것이었다. 그러면서 이들은 넓은 의미에서의 살림/살이가 벌어지는 장으로서 '사회'를 발견하게 된다. 사실상 인간 세상을 '사회(society)'라는 말로 파악하기 시작한 것도 이들이 처음이다. 그 이전에 서구 사상에 있어서 인간 세상을 지칭하는 말들은 항상 종교적·도덕적 함축을 가지고 있었고, 근대 정치 철학의 발전 이후 인간 세상에 대한 합리적으로 구성된 개념들—예를 들어 공영체(commonwealth)나 시민 사회(civil society)—이 없었던 것은 아니지만 이들은 어디까지나 정치적·법적 질서의 수립이라는 문제 영역 혹은 부와 번영을 이루는 인간 집단이라는 문제 영역에 한정되어 있었다. 하지만 이 초기 사회주의자들은 지금까지는 전혀 없었던 '사회'의 개념을 제시하였다. 아니, 칼 폴라니의 표현대로, 이들은 인류의 사상사에서 최초로 사회를 '발견'했다고 보는 것이 옳을지도 모르겠다. 인간 세상은 신의 섭리라든가 자연법 나아가 시장경제의 균형 등과 같은 추상적 논리에 따라서 얼마든지 수동적으로 재배치되고 재배열될 수 있는 것이 아니다. 사람이 자연과 노동과 소비를 통하여 교호작용을 맺고, 그 과정에서 다른 사람들과 만나고 협동하고, 그를 통하여 스스로의 인격과 정신을 형성할 뿐만 아니라 나아가 전체 공동체의 생활에 의미와 활기를 불어넣는 능동적인 작용 과정이며, 그 결과로서 나타나는 하나의 실체가 바로 '사회'라는 것이다.

따라서 이들은 이러한 인간의 정신적·물질적 살림/살이의 원칙에서 기계제 생산이라는 현실을 재구성할 것을 요구하였으며, 그렇게 할 수 있도록 사회의 작동과 현실을 과학적으로 파악하여 그 과학적 파악에 따라 사회 전체를 합리적으로 재구성할 것을 요구하였다. 에밀 뒤르켐(Emile Durkheim)은 그래서 사회(과)학과 사회주의가 동시에 발생했다는 점을 강조하면서 그 진정한 창시자는 최초의 사회주의자라 할 생시몽이었다고까지 말하고 있다.[33] 그래서 이들은 인간과 자연이 모두 원자와 같은 알갱이로 쪼개진 채 얼마의 가격표를 달고 나와 거래되는 과정에 사회 전체의 재구성을 맡기자는 돈벌이 경제학의 비전에 대해서 근본적인 공격을 담을 수밖

---

33 Emile Durkheim, *Socialism and Saint-Simon* (London: Routledge, 2009).

에 없었다. 그 대신 이들이 공통적으로 주장했던 것은 기계제 산업에서의 생산과 소비를 모두 시장경제에서의 돈벌이 경제학이 아닌 사회 전체 차원에서의 토론과 계획으로 조직하자는 것이었다. 푸리에르의 팔랑스테르(Phalanstère), 블랑의 국민 작업장(Ateliers Nationaux) 등은 이러한 계획의 잘 알려진 예며 특히 후자는 1848년 프랑스혁명 당시 실질적인 정치적 강령과 정책으로 제도화되기도 했다.

물론 엘리트주의와 심지어 전체주의적인 코포라티즘의 냄새까지 느껴지는 생시몽주의자들부터 독립적 소생산자들 중심의 아나키즘적 사회를 꿈꾸었던 프루동까지 이들의 사상적·정치적 경향은 실로 다양했다. 하지만 이러한 복잡함과 다양함에도 불구하고 근대에 들어서 살림/살이 경제 사상의 계보를 추적하는 데 있어서 이들을 첫 자리에 놓을 수밖에 없는 이유는, 서두에 말한 대로 산업 사회라는 새로운 조건 속에서 인간의 살림/살이를 가장 중심에 놓고서 사회와 경제의 조직을 이 원리에 복속시켜야 한다는 주장을 가장 처음으로 가장 명확하게 제시했던 이들이기 때문이다. 프리드리히 엥겔스(Friedrich Engels) 같은 이는 이들에게 '공상적 유토피아주의자'들이라는 딱지를 붙여 버렸지만, 막상 이들의 저작을 실제로 읽어 보면 산업사회의 여러 모순과 문제의 본질에 대해서 몇 백년의 시간적 격차를 둔 오늘날에도 신선하고 충격적으로 느껴지는 날카로운 혜안에 놀라지 않을 수 없다. 또 실제로 19세기 이래 오늘날까지도 넓은 의미에서 서구 사회의 여러 가지 진보적인 정책과 제도의 변화에 이들의 사상이 얼마나 끝없는 영향과 영감의 원천이 되어 왔는가를 느끼지 않을 수 없다.

칼 마르크스

살림/살이 경제 사상의 계보에 있어서 칼 마르크스가 차지하는 위치를 어떻게 평가할 것인가는 참으로 곤혹스러운 문제다. 한편으로 그는 앞에서 본 초기 사회주의자들의 문제 의식의 핵심을 고스란히 이어받아 자본의 무한정의 축적 과정 속에서 인간과 자연의 살림/살이가 파괴되는 것을 자본주의의 본질적 모순이라고 고발하였던 열렬한 사회주의자이기도 하다. 하지만 경제 사상사에서의 마르크스는 2장에서 본 바, 19세기에 들어 리카도 이후 체제를 갖추기 시작한 돈벌이 경제학의 체계를 확고하게 만든 가장 중요한 사상가이기도 하다. 그가 그의 저서 『자본론』에서 명확하게 해명하려고 했던 바는, 생산수단의 사적 소유에 기반하여 임노동을 착취함으로써 벌어지는 자본의 축적 과정을 낱낱

이 해명하고 그것이 어떻게 자본주의 시장경제의 각종 현상들을 지배하는지 그리고 어떻게 체제 전체를 위협할 위기와 공황을 내재적으로 산출하게 되는지를 엄밀한 논리로 해명하는 것이었다. 그래서 그는 리카도가 노동 가치론에 기반하여 구성해 놓은 돈벌이 경제학의 기계적인 체계를 오히려 철저하지 못했던 것으로 비판하였고 더 튼튼한 가치론의 기초를 위하여 리카도의 자연주의적 편향을 넘어서서 여러 사회적 관계와 사회적 형식에 대한 장구한 역사적 통찰로까지 파고들기도 했다.

그 결과 『자본론』에 그려져 있는 세계는, 그 이전의 리카도나 존 스튜어트 밀의 저작에 나타났던 돈벌이 경제학보다 월등하게 논리적으로 경험적으로 역사적으로 완결된 '가치법칙의 세계'다. 『자본론』이 출간된 이후 사회주의 진영은 말할 것도 없고 보수주의 경제학에서도 이루 헤아릴 수 없이 많은 대가들이 오늘날까지도 마르크스의 천재성과 중요성을 찬양하고 강조했던 것이 그래서 전혀 역설적이거나 놀랄 일이 아니다. 오히려 정말로 역설적인 일은, 자본주의 체제에 대한 혐오와 저주를 신랄한 언어로 쏟아 놓으면서 가장 과격하고 급진적인 조치를 동원하여 철저하게 돈벌이의 논리가 배제된 사회와 경제를 구성해야 한다고 외치고 또 온 인생을 그러한 혁명에 바치려고 했던 칼 마르크스가, 도리어 돈벌이 경제학의 체계를 튼튼하게 만든 대가로서 리카도나 애덤 스미스와 동렬에 서게 되었다는 것이다.

이는 마르크스가 애초에 자본론의 기획, 즉 '정치경제학 비판'에 착수하기 시작한 동기를 생각해 보면 더욱 역설적으로 느껴진다. 1844년의 『경제학-철학 수고』에 처음으로 나타난 바 그리고 1858년에 출간된 『정치경제학 비판 서론』의 서문에도 다시 나타나고 있는 바, 마르크스가 계획했던 정치경제학의 기획과 목적은 이런 것이었다. 처음 급진적 자유주의 정치철학자로 출발한 마르크스는 현실 세계의 갈등과 모순을 철학적·논리적으로 해결할 것을 약속한 헤겔의 국가철학에 심한 환멸을 느끼게 되고, 국가란 현실의 모순 갈등을 해결해 주는 것이기는커녕 그 모순 갈등을 고스란히 반영한 모순 덩어리에 불과하다는 결론에 도달한다. 그래서 그렇게 모순과 갈등이 들끓고 있는 '현실'을 제대로 이해하고 또 변혁하기 위해서는 '시민사회에 대한 해부'가 필요할 수밖에 없다는 결론에 도달하며, 이 '시민사회'라는 것이 기실 끊임없이 노동하는 노동자와 노동자를 착취하는 자본가라는 양대 계급의 모순이 실체라고 믿게 된다. 그렇다면 이 '시민사회에 대한 해부'란 곧 노동자와 자본가 양쪽 그리고 그 양쪽의 관계에 대한 정치경제학적인 해명이 될 수밖에 없다. 그런데 정치경제학은 '비판'되어야 한다. 여기에는 두 가지 서로 연결된 이유가 있다. 첫째, 현존하는 (고전파) 정치경제학 (우리의 용어로는 19세기에 막 나타나기 시작한 '돈벌이 경제학')은 인간이 다른 이웃들과 자연 그리고 공동체 전체와 관계 맺으며 전개해 나가는 살림/살이 경제를 오로지 돈벌이에만 관심을 둔 부르주아들이 만들어낸 '가치'라고 하는 지극히 추상적인 개념을 통해서만 그리고 그 개념에서 논리적으로 도출되는 각종 돈벌이 경제학의 개념 범주들만을 통해서 파악하기 때문에 그러한 실질적인 인간-사회-자연의 관계를 모조리 은폐하고 왜곡해 버리기 때문이다. 둘째, 현존하는 자본주의 사회의 경제 나아가 사회 전체의 조직은 바로 그러한 부르주아 정치경제학의 개념 범주와 법칙들을 조직 원리로 하여 만들어져 있기 때문에 이러한 현실적 관계를 폭로하고 변혁하기 위해서는 그 조직 원리요 작동 원리로서의 정치경제학을 끝까지 논리적으로 추적하여 그 결말이 얼마나 인간과 자연에 해로운 것인지를 보여야 한다는 것이다.

그런데 과연 철저한 '가치 법칙의 세계'로 구성되어 있는 『자본론』의 세계가 이러한 '정치경제학 비판'일까? 이 그림 속에 초기 사회주의자들이 그토록 구성하고 실현하고자 바라 마지않았던 인간의 살림/살이의 문제는 어디에 있는가? 임금은 기계와의 경쟁 속에서 피도 눈물도 없이 항상 최저 생계 수준에 요지부동으로 고정되는 것으로 그려지며, 그것도 기계의 대규모 도입에 따라 갈수록 떨어져서 결국 살아가기가 힘든 상태로 떨어진다. 여기에 대해 인간들이 어떻게 대응하는지(혹은 대응해야 하는지)에 대한 이야기는 없다. 오로지 이러한 경향이 잉여가치율과 이윤율에 어떻게 영향을 주어 체제 전체를 어떠한 동학으로 이끌어가는지의 이야기만 나온다. 노동자들의 투쟁이 나오기는 하지만, 이 또한 그저 임금과 노동 시간 및 강도 그리고 임금재의 가치라는 것들에 국한하여 자본가들과 상대적/절대적 잉여가치의 배분을 놓고 벌이는 지극히 돈벌이 경제학적인 투쟁이지, 실제 이웃과 자연과의 관계 속에서 자신의 살림/살이를 회복하려는 그러한 전체적·총체적 인간의 모습과는 거리가 멀고, 그나마 『자본론』 2권부터는 아예 자취를 감춘다. 이게 과연 '정치경제학 비판'일까? 사실상 또 하나의, 그것도 훨씬 더 철저하고 숨 쉴 틈 없는 정치경제학, 즉 돈벌이 경제학이 아닐까?[34]

---

34 마르크스의 이러한 문제, 즉 그의 '정치경제학 비판'이 사실상 또 하나의 정치경제학 그것도 어찌해 볼 수 없을 만큼 철저하게 닫혀 있는 경제적 법칙들로만 구성된 정치경제학이 되어 버렸다는 점은 잘 지적이 되지 않고, 오히려 알튀세르류의 마르크스주의자들은 이것이야말로 마르크스주의가 '과학'이라는 자신들의 주장의 밑받침으로 삼는다. 마르크스주의자들 중 이 점을 통렬하고 직설적으로 지적한 이는 역사가 톰슨(E. P. Thompson)으로서, 그는 알튀세르를 비판하는 와중에 공격의 화살을 마르크스에게

이러한 마르크스 경제학의 '돈벌이 경제학'의 성격은 단순히 이론적인 문제가 아니라 실천적 차원에서 적나라하게 드러난다. 인간의 살림/살이를 재건할 수 있는 '사회주의' 혹은 '공산주의' 사회와 경제를 어떻게 건설할 것인지의 계획은 『자본론』은 물론이고 마르크스의 저작 어디에서도 구체적인 청사진을 얻을 수 없다. ('능력에 따라 일하고 필요에 따라 얻는다'라든가 '낮에는 낚시하고 밤에는 책을 읽는다'라는 허망한 몇 개의 명제를 빼고.) 그렇다면 이상적인 사회와 경제는 모든 이들이 자기들의 '노동 시간'에 비례하여 분배받고 만물이 그것에 의해 교환되는 사회를 말하는 것인가? 이것이 과연 살림/살이 경제인가? 소비에트 러시아 경제의 흥망성쇠를 통하여 이러한 경제라는 것이 바람직한가는 물론이고 실제

까지 돌려서 그의 정치경제학은 이 점에서 완전히 실패와 모순으로 끝나 버렸다고 주장한다. E. P. Thompson, *The Poverty of Theory* (London: Merlin Press, 1979). 카스토리아디스(C. Castoriadis)는 특히 노동력이 상품화되어 하나의 추상 노동으로 다루어지며, 이것이 사회적 필요 노동 시간이라는 구체적 양으로 한다는 마르크스 경제학의 명제―사실 이것이야말로 마르크스의 노동 가치론이 리카도의 그것을 넘어서게 되는 핵심 부분이다―가 현실적으로 또 이론적으로 모순과 파산에 휩싸여 있음을 지적하고, 뿐만 아니라 그 결과 노동자가 살아 움직이며 자신의 살림/살이를 만들어 나가는 자율적인 존재라는 성격이 완전히 탈각되어 버렸다고 마르크스를 비판한다. Cornelius Castoriadis, *The Imaginary Institution of Society*, tr. Kathleen Blamey, (Cambridge, Mass.: MIT Press, 1998).

바람직한 회계와 조정이 가능한 체제인지조차도 명백하게 밝혀지지 않았는가?[35]

---

35 여기에서 내가 마르크스를 본래의 의도와는 무관하게 철저한 정치경제학, 즉 돈벌이 경제학을 산출하고 말았다고 묘사하고 비판하는 논지에는 중요한 유보 조항이 붙을 수 있다. 그것은 『자본론』이 완성된 저작인가 아니면 6권으로 기획된 전체 저서의 1권에 불과한 것인가의 논쟁과 관련이 있다. 마르크스가 쓰고자 했던 저서 『경제학』은 그 스스로의 계획에 의하면 다음의 6권으로 기획되어 있다. 1. 자본 2. 임노동 3. 토지 소유 4. 국가 5. 국제 무역 6. 세계 시장. 여기에서 우리가 보고 있는 『자본론』이 뒤의 3권은 몰라도 최소한 앞의 세 권은 모두 합쳐 놓은 것이라고 보기도 하지만(에르네스트 만델, 로만 로스돌스키 등), 이는 1권에 불과하고 2권과 3권도 쓰이지 않은 상태라고 주장하는 이도 있다(대표적으로 막시밀리앵 뤼벨). 만약 전자가 옳다면 이 책에서 내가 마르크스에 대해 개진한 비판도 정당화될 수 있겠으나, 후자가 옳다면 『자본론』은 그저 1권인 자본의 논리만 추적한 것에 불과한 것이 된다. 그렇다면 특히 인간과 자연의 살림/살이와 직결된 마르크스의 사상은 저술되지 못한 상태니 이렇게 마르크스를 '돈벌이 경제학에만 전념한 사상가'라고 몰아붙이는 것은 부당한 일이 될 것이다. 여기에서 대단히 주목할 만한 논의가 있다. 리보위츠(Michael Lebowitz)는 헤겔 논리학적 방법론을 기초로 마르크스의 『강요(Grundrisse)』에 나와 있는 여러 부분을 재구성하여 마르크스가 2권인 '임노동'을 저술했다면 어떤 내용이 있었을까에 대한 논의를 내놓고 있다. 그가 제시하는 바 2권에서 나올 자본이 아닌 '노동자의 정치경제학'은 내가 이 책에서 이야기하는 바의 살림/살이 경제학과 동일한 것이라고 해도 과언이 아니다. [이는 마이클 리보위츠 지음, 홍기빈 옮김, 『자본론을 넘어서: 임노동의 정치경제학』(백의, 2000)을 참조.] 개인적인 견해로는 리보위츠의 주장이 대단히 설득력을 가지고 있다고 생각된다. 따라서 마르크스의 『강요』와 『잉여가치학설사』를 살림/살이 경제학 재구성의 중요한 영감의 원천으로 사용할 수 있다고 믿고 있다. 하지만 아쉽게도 리보위츠가 옳다고 해도 나머지 책

살림/살이 경제 사상과 노동 가치론

어째서 마르크스의 경제 사상은 이렇게 모순적인 결과를 낳게 되었을까? 초기 자본주의의 비인간적인 노동 착취에 분노하고 인간의 살림/살이를 재건하고자 하는 동기에서 시작된 마르크스의 경제학 연구 작업은 어째서 톰슨의 표현대로 기존의 정치경제학이라는 구조물에 맞서는 '또 하나의 반대 구조물(anti-structure)'을 낳고 끝나게 된 것일까? 이 곤혹스러운 질문에 대한 대답은 마르크스의 사상 발전에 대한 연구뿐만 아니라 19세기 후반의 세계 사회주의 운동의 변모라는 더 큰 역사적 맥락에서도 보아야 할 문제일 것이다. 몇몇 급진적 사상가들과 독서 서클 안에서의 이론적 담론에 불과하던 사회주의 운동은 1848년 유럽 혁명을 거치면서 전 유럽의 수많은 노동자들과 지식인들의 상상력을 사로잡는 강력한 현실 운동으로 변화하기 시작했다. 따라서 대규모의 대중 운동—정치 투쟁과 경제 투쟁을 포괄하는—을 이끌 수 있는 체계 잡힌 철학적·사회학적 사상 및 이론 그리고 구체적인 행동 강령과 조직 방침에 대한 필요는 갈수록 더 커져갔고, 이는 제1

들은 실제로 쓰이지 않았고 우리 눈앞에는 『자본론』 세 권뿐이며, 이러한 심증은 그야말로 심증과 의견에 불과하다.

차, 제2차 인터내셔널이라는 국제 조직의 건설 과정 속에서 현실화되었다.

여기에서 사회주의 경제 사상은 이제 인간의 살림/살이라고 하는 다분히 도덕적·이상주의적 문제틀을 갈수록 탈각하게 되었고, (여기에는 마르크스주의의 유물론 철학도 큰 영향을 끼쳤다고 할 것이다.) 대신 자본주의든 사회주의든 그 경제의 구성을 '과학적'인 체계로 해명해야 할 현실적 요구도 갈수록 강해졌다. 문제는 여기서 그 경제 이론의 '과학적' 기초로서 리카도 이래의 노동 가치론이 선택되었다는 점이다. 기실 노동 가치론이란 17세기 존 로크 이래의 자유주의적 세계관에 그 뿌리를 두고 있는, 근본까지 철저하게 '부르주아적' 세계관에 기초한 이론이다. 윌리엄 페티 이래 애덤 스미스와 존 스튜어트 밀까지 고전파 정치경제학의 대가들이 노동 가치론을 받아들였다는 점은 그래서 결코 우연이 아니다. 사회와 경제의 모든 과정을 노동 시간으로 조직되고 노동 시간으로 측량되는 거대한 하나의 '스위스제 회중시계'로서 관념했던 것, 이 철저하게 부르주아적인 세계관이 하나의 의심의 여지가 없는 '과학'으로 받아들여지던 것이 19세기 서양 사상의 인식틀이었고, 마르크스 또한 이를 자신의 '과학적' 이론의 기초로 삼고자 했으며, 이를 통해 사회주의 경제 사상 또한 노동 가치론을 그 기초로 받아들이게 된다.[36]

노동 가치론은 숱한 논쟁의 쟁점을 안고 있는 문제이지만, 우리의 논제인 살림/살이 경제학이냐 돈벌이 경제학이냐의 구도에서 다음과 같은 질문을 하지 않을 수 없다. 노동 가치는 살림/살이의 영역에서의 문제인가 아니면 돈벌이 영역에서의 문제인가? 실제의 노동자가 구슬땀을 흘리며 열심히 자연과 몸을 섞어나가는 과정을 보면 분명히 전자에 속하는 것으로 보인다. 그런데 돈벌이 경제에서의 시장 가격의 진실한 기초로서 노동 가치를 말할 때에는 영락없이 후자의 영역에 속하는 것으로 보인다. 즉 이 노동 가치라는 것은 '노동 시간'으로 따져보면 살림/살이 경제에 속하는 것으로 보이고, '균형가격'이라는 것으로 보면 돈벌이 경제의 영역에 속하는 것으로 보인다. 마르크스를 포함한 고전과 정치경제학자들은 노동 가치의 개념이 이렇게 두 개의 얼굴을 가지고 있다는 것이야말로 살림/살이 경제의 영역과 돈벌이 경제의 영

---

36 이는 사실 경제 사상이나 가치 이론에 국한되는 것이 아니다. '생산양식'에 기초한 소위 '역사적 유물론'이라는 형태를 띠고 있는 마르크스주의 사회과학 이론 전체가 이러한 19세기까지의 부르주아 사회사상의 물질주의적·생산주의적 편향을 그대로 담게 되었다고 볼 수 있다. 이러한 의미에서 사회적 생태주의자인 북친(Murray Bookchin)은 마르크스주의 사회과학의 성격을 '부르주아 사회학'이라고 보고 있다. Murray Bookchin, "Marxism as Bourgeois Sociology" in *Toward an Ecological Society* (Montreal: Black Rose, 1980).

역을 '통일된 단일의 이론 체계' 안으로 포괄할 수 있도록 해 주는 열쇠라고 보았기 때문에 철저하게 이 개념을 닻으로 삼으려고 했던 것이다.

그런데 과연 그럴까? 그 두 영역을 하나의 이론적 체계로 연결해 준다고 여겨져 온 그 노동 가치라는 개념은 노동 시간과 상품 가격 사이에 억지스러운 논리적 연관을 욱여넣어 억지로 구성해 놓은 이론적 허구에 불과한 것이 아닐까? 애초부터 돈벌이 경제의 영역과 살림/살이 경제의 영역은 철저하게 독립적으로 구성되는 것이 아닐까? 따라서 진정으로 살림/살이 경제에 대한 이론과 그것을 활성화하고 실천을 구성하기 위해서는, 두 개의 영역을 철저하게 분리하여 따로 이론화하고서(즉, '두 개의 체계'를 구성하고서), 그 두 개의 영역에 현실에서 어떻게 서로 충돌하고 모순하고 또 지배-피지배 관계를 맺게 되는가('통일된 단일의 이론 체계'를 구성하는 것이 아니라)를 살펴보는 것이 낫지 않을까? 이러한 방향으로 길을 뚫고 나가면서 살림/살이 경제 사상의 새 출구를 마련한 이가 바로 20세기 초 미국의 경제학자 소스타인 베블런이다.

소스타인 베블런:
산업과 영리 활동의 구별

베블런은 살림/살이 경제 사상의 발전에 있어서 획기적인 돌파구를 마련하였으니, 이는 그가 최초로 명확하게 구별한 '산업(industry)'과 '영리 활동(business)'의 개념이다. 이는 아주 상식적이고도 이해하기 쉬운 개념들이다. 먼저 산업이란 어떤 공동체―개인 단위가 아님에 주의―가 스스로의 삶을 영위해 나가는 데 필요한 것들을 풍족하게 조달하는 행위다. 그리고 영리 활동이란 금전적(pecuniary)인 이익을 얻기 위해 움직이는 영리 사업가들이 행동을 벌이는 영역이다. 이 책의 2장에서 보았듯, 중농주의자들과 애덤 스미스가 중상주의자들에게 공격을 가한 이후 현대의 경제 사상은 베블런 이전까지 (사실 베블런 이후에도 크게 변하지 않았다.) 이 두 가지의 활동을 동일한 것으로 보았으며, 사실 그렇게 동일시했던 것이야말로 현대 경제 사상의 과학적 혁신이라고 여겨져 왔다. '경제'란 기본적으로 자신(공동체가 아닌 개인임을 주의)의 살림/살이를 위해서 이것저것을 생산하고 소비하는 개인들의 '실물' 경제가 실체이며, 화폐란 단순히 이들의 교환 행위를 매개하기 위한 보조수단에 불과하다는 것, 따라서 화폐와 금융으로 표현되는 바의 세계는 이러한 '실물' 경제를 반영한 거울에 불과하다는 것이 현대 경제학의 부동의 공리다. 이러한 공리를 베블런은 근본으로부터 부정하고 나서서, 살림/살이의 영역과 돈벌이의 영역은 그 기원과 조직 원리에 있어서 전혀 별개의 영역임을 분명히 한 것이다.

베블런은 이 두 영역의 구별을 명확하게 하기 위하여 아예 인간의 본능(instinct)의 차원으로까지 문제를 소급한다. 그에 따르면, 인간에게는 두 가지의 구별되는 본능이 있다. 첫 번째는 제작자 본능(instinct of workmanship)이요 두 번째는 약탈적 본능(predatory instinct) 그리고 불한당 본능(instinct of sportsmanship)이다. 먼저 인간은 최소한 신석기 및 농경 혁명이 벌어진 이래로 끊임없이 자신의 물질적 생활을 개선하기 위하여 발명과 발견 그리고 개선을 행해 왔다. 이는 물적 이익을 극대화한다는 경제인(homo economicus)의 성격 발현이 아니라 본래부터 새로운 것을 만들고 제작하고자 하는 제작자 본능의 발현이라는 것이다. 그리고 이 과정에서 결정적인 역할을 하는 것은 공동체 전체의 문화와 지식이라고 베블런은 본다. 즉 개인이 아닌 공동체 차원에서 보유되고 발전되고 전수되는 문화와 지식이야말로 이러한 산업적 과정을 결정하는 요소라는 것이다. 사람의 살림/살이에 있어서 무엇이 필요하고 무엇이 가치 있는 것인가를 결정하는 것은 그 공동체의 문화의 문제다. 유럽의 침략자들이 '신대륙'으로 들어

올 무렵 유럽인들과 원주민들 사이에는 황금과 토지라는 두 가지 물건에 대한 평가와 의미가 전혀 달랐다. 황금은 유럽인들에게는 실로 온 세계를 두루 뒤지면서 필요하다면 영혼이라도 팔아넘길 수 있을 만큼 미친 듯이 갈망하는 대상이었지만, 원주민들에게는 결코 그럴 만큼 중요한 물건은 아니었다. 토지도 마찬가지였다. 자신이 경작하는 땅에는 경계선의 말뚝을 박고 누구든 침입하는 자는 즉시 총을 쏘아 죽여 버릴 준비가 되어 있는 것이 유럽인들이었지만, "땅을 누가 떼어가기라도 하는가. 가축을 먹이고 지나갈 수 있으면 되는 게 땅이지 무엇 하러 누구 것이라고 고정하여 소유하는가"라고 생각하는 것이 원주민들의 토지 소유 개념—그런 것이 있었다면 말이지만—이었다.[37] 또 베블런은 현대 경제학의 초석이 되어 있는 요소 생산성이라는 개념 또한 거부한다. 생산이라는 과정은 노동, 토지, 기계 등의 물질적 요소 안에 내재되어 있는 생산성(productivity)이라는 '유령'이[38] 마치 쓸개에서 담즙이 우러나오듯 나와서 무언가를 만들어 내는 신비한

---

[37] 그래서 유럽인들이 원주민들로부터 지금의 뉴욕 맨해튼 섬을 단돈 몇 십 달러에 사들였을 때 상대방을 바보라고 비웃었던 것은 유럽인들뿐이 아니었다.

[38] 베블런은 이러한 '생산성'이라는 개념을 현대에 살아남아 있는 원시인들의 정령 숭배(animism)의 잔재라고 보았다.

과정이 아니라는 것이다. 대신 이는 공동체 전체가 품고 있는 생산에 대한 기술적 지식이 전체적으로 발현된 과정이라고 보았다. 굳이 '생산성'의 담지자라고 할 만한 것이 있다면 이는 개별 생산 요소가 아닌 공동체 전체의 지식이라고 보았던 것이다. 이러한 인간의 제작자 본능에서 발현되는 산업은 태고 이래 모든 인간 사회에 존재했던 하나의 영역이었다.

반면 '약탈적 본능'은 전혀 다른 성격을 가진다고 베블런은 본다. 대략 계급이 출현하던 시대를 전후하여 인간은 스스로 노동하기보다는 남이 노동한 것을 가로채어 생활하면서 그러한 노동 인구의 위에 군림하는 '우월한 인간'이 되고픈 본능을 가지기 시작하였다. 그래서 폭력과 법 제도 및 국가 등의 기구를 이용하여, 공동체 전체의 산업 과정을 체계적으로 지배하고 조종하는 권력 제도를 발전시키기 시작한 것이다. 그래서 이들은 제작자로서 삶의 일상을 보내기보다는 자신이 남들이 일한 것으로 '놀고먹을' 수 있는 존재임을 과시하는 생활 태도를 발전시키며, 이에 사냥, 노름, 사치, 주연(酒宴), 전쟁 등과 같은 각종 놀이와 게임(sports)에 몰두하고 이것과 관련된 문화를 발전시키게 된다. 이를 불한당(不汗黨: 그야말로 어느 영화 대사처럼 '땀 안 흘린다'는 뜻이다) 본능이라고 부른 것이다.

제작자 본능이 낳는 산업은 물론이고 이 약탈적 본능과 불한당 본능이 낳은 각종 권력 제도들도 각각의 기술적 변화와 발전에 따라 역사적으로 다양한 모습을 낳았다. 그러다가 마침내 19세기 말에 이르면 산업은 기계적 과정의 성격으로 발전하게 되고, 여러 권력 제도들은 영리 활동의 형태를 띠게 된다. 산업이 기계적 과정이 되었다는 것은 단순히 기계가 생산 과정에 도입되었던 것만을 뜻하는 것이 아니다. 베블런이 강조하듯, 인간의 생산과 소비 즉 산업의 과정은 본질적으로 공동체 전체를 단위로 하는 집단적 성격을 띠는 것이다. 그런데 공동체 전체의 가장 핵심적인 생산 과정 부분에 기계가 본격적으로 사용되기 시작하면 그 부분에서의 생산과 소비라는 사회적 과정 또한 철저하게 기계적 과정의 성격을 띠게 되며, 이와 관련을 맺고 있는 다른 생산과 소비의 과정에서도 비록 기계가 사용되지 않는다고 해도 기계적 성격이 지배하게 된다.

한편 영리 활동의 성격도 변하게 된다. 본래 금전적인 이익을 취하고자 하는 활동은 상인들과 시장에 생산물을 내다 파는 소생산자들만의 영역이었다. 하지만 사회적 생산과 소비가 이토록 사회 전체를 포괄하는 하나의 거대한 기계적 과정으로 발전하게 되고 그 과정을 조직하는 매개체가 시장에서의 화폐적 거래의 형태를 띠고 있는 상태에서, 권력 제도의 중심이 영리 활동으로 이동하게 된다. 사회적 생산과 소비를 조직하고 있는 전체 생산 과정을 어느 만큼 지배하고 있느냐 그리고 그에 따라서 거기에서 나오는 '이윤의 흐름'을 어느 만큼이나 지배하고 있느냐가 사회적 권력의 핵심적 요소가 된다. 이에 따라서 사회적 생산의 지배에 가장 적합한 영리 조직의 형태로서 주식회사(corporation)가 발전하게 되며, 이 '이윤의 흐름'에 대한 지배력을 사고 팔며 또 그 과정에서 그 지배력에 대한 가격 평가를 매기는 자본시장과 현대적 금융 제도가 영리 활동의 중심적 제도로 자리잡게 된다.

결국, 이렇게 그 근원과 조직 원리에서 전혀 상이한 영리 활동과 산업이라는 두 영역이 하나로 엮이게 된 것이 현대 자본주의의 본질적 성격이라는 것이 베블런의 파악이다. 살림/살이의 영역과 돈벌이의 영역을 전혀 이질적인 두 가지로 구별한 이러한 혜안은 살림/살이 경제 사상뿐 아니라 돈벌이 경제 사상의 발전에도 새로운 혁신을 가져오게 된다. 현대 사회에서는 산업, 즉 공동체 전체의 살림/살이가 영리 활동의 논리와 그 작동에 의해 거의 전적으로 지배당하게 되며, 더 많은 금전적 이윤을 낳는다는 원칙에 의해 조직과 작동이 결정된다. 이는 베블런의 독특한 '깽판 놓기(sabotage)' 이론으로 이어지게 된다. 즉 생산 및 소비 활동의 극대화를 통한 공동체 전체의 물질적 풍요의 증가와, 화폐적으로 계산되는 바의 생산 총량 그리고 이윤 총량의 증가를 정비례의 관계로 놓는 현대 경제학의 이론과 달리, 베블런은 오히려 금전적 이윤 총량의 증가 때문에 공동체 전체의 생산 및 소비 활동의 조직이 의도적으로 제한당하는 일이 오히려 더 '정상적'인 상태가 된다고 본다. 사회가 보유한 기술적 생산 능력을 만약 극단까지 가동하여 가능한 최대의 물질적 생산을 실현할 경우, 생산물의 시장가격은 사실상 한없이 바닥으로 추락하게 될 것이고 그렇다면 영리 사업가들에게 돌아오는 이윤의 몫도 크게 줄어들 것이다. 반면 생산과 소비의 조직을 너무 제한하여 달성할 수 있는 최대의 판매량을 실현하지 못하게 되면 이 또한 이윤에는 역작용을 낳게 될 것이다. 따라서 영리 사업가들은 골디락스(Goldilocks) 이야기에 나오는 스프처럼 '너무 뜨겁지도 너무 차갑지도 않은' 상태로 생산량을 조절하여 자신들의 이윤의 흐름을 극대화하고자 할 것이라는 것이다. 이것이 베블런이 말하는 바, 영리 사업가들이 생산 활동에 가하는 '깽판 놓기'—베블런의 표현으로는 '생산 효율성의 조심스러운 철회(conscientious withdrawal of efficiency)'—이다. 여기에서 베블런은 사회의 살림/살이와 이윤 및 화폐 소득 총량을 동일시하는 사고 방식과 절연하고, 공동체의 물질적 복리를 증진시키는 일은 오히려 금전적 부문에서 벌어지는 영리 활동과 모순적인 관계에 있을 수 있다는 관점을 제시한다. 이러한 그의 사상은 그의 사후인 1930년대에 들어 뉴딜(New Deal)로 시작된 미국 자본주의의 변화에 중요한 영감을 제공한다. 뉴딜주의자들(New Dealers)은 금융 자본과 영리 사업가들의 지나친 화폐적 이윤 추구가 금융 체제의 불안과 경제 전체의 끔찍한 침체의 원인이 될 수 있다는 것을 날카롭게 의식하고, 금융은 물론 시장경제를 둘러싼 각종 제도와 규제를 산업 활동의 증대, 즉 사회적 생산과 소비의 극대화라는 목표에 맞추어 과감하게 새로이 틀을 짜야 한다고 주장하고 또 이를 실행에 옮기기도 했다.

이러한 살림/살이와 돈벌이의 날카로운 구별은 또 돈벌이 경제학의 발전에 있어서도 중요한 이정표가 된다. 경기순환 즉 기업 세계의 부침과 자산 시장의 운동을 항상 '실물' 경제에서의 동향을 반영한 것으로만 파악하는 일반적 경제학의 관점과 절연하고, 경기순환은 오로지 영리 활동의 영역 안에서 시작되고 진행되는 완전한 화폐적 현상으로서 파악해야 한다는 관점을 취한 것이다. 베블런 이외에도 20세기에 들어오면 케인스나 슘페터처럼 이러한 '실물적' 경제 분석의 한계를 지적하고 '화폐적' 분석의 관점을 취하고자 했던 이들이 있었지만,[39] 이 '실물' 부문과 '화폐 금융' 부문의 관계를 베블런처럼 완전히 날카롭게 구별하는 급진적인 단절을 행한 이는 찾아볼 수 없다. 그 결과 그의 저서 『영리 기업의 이론(*Theory of Business Enterprise*)』 7장과 『부재 소유제(*Absentee Ownership*)』에서 전개되고 있는 이론은 자산 시장에서의 과도한 자본화(capitalization)—요즘 용어로 자산 시장의 거품—가 은행 및 금융 체제 전반의 부실과 어떻게 연결되는가 그리고 그것이 발생하여 진행되는 과정은 어떠한가 그리고 이것이 결과적으로 산업, 즉 생산과 소비의 조직에 가져 올 영향은 어떤 것인가라는 혁신적인 이론적 틀로서 돈벌이 경제에서의 경기순환의 문제에 접근하고 있음을 볼 수 있다.

베블런의 저작은 대단히 다양한 주제에 펼쳐져 있다. 따라서 얼핏 보면 그의 경제 사상에 녹아들어 있는 살림/살이 경제 사상의 측면이 잘 보이지 않을 수 있다. 하지만 나의 견해로는 살림/살이 경제 사상의 흐름에 있어서 베블런이 차지하는 중요성은 아리스토텔레스의 중요성을 능가하는 것이다. 중농주의자들 및 애덤 스미스 이래 몇 백년째 현대 경제 사상은 이 둘을 구별하지 않은 채 사실상 돈벌이 경제의 틀 안으로 무리하게 통합하려는 시도를 계속하는 가운데 살림/살이 경제학 쪽도 돈벌이 경제학 쪽도 더 이상 진전이 불가능한 막다른 골목에 처하게 되었다. 반면 베블런의 이러한 살

---

39 이 구별에 대해서는 Joseph Schumpeter, *A History of Economic Analysis* (Cambridge, Mass: Harvard University Press, 1954) 276p. 이하를 참조.

림/살이 경제와 돈벌이 경제의 날카로운 구별은 2300년 전 아리스토텔레스가 서양 사상에서 처음으로 행했던 살림/살이와 돈벌이의 구별을 되살려 냈을 뿐만 아니라 기계제 산업 시대와 고도의 금융 자본주의라는 현대의 조건을 체계적으로 분석할 수 있는 틀로 벼려 냈던 것이다. 앞에서 보았듯, 19세기 들어 초기 사회주의자들과 마르크스가 시도했던 살림/살이 경제 사상을 향한 최초의 시도는 '가치 이론'이라는 애매모호한 기초를 받아들이는 바람에 좌절을 맞지 않을 수 없었다. 하지만 베블런은 산업과 영리 활동을 날카롭게 구별하는 관점을 취함으로써 이러한 '가치 이론'의 함정을 피해갈 수 있었고, 현대적 산업이라는 조건 속에서 살림/살이 경제 사상을 발전시킬 수 있는 과학적·실천적 출발점을 새로운 지평 위에 놓을 수 있었다.

칼 폴라니: 실체적 경제와 사회의 발견

20세기에 들어와 살림/살이 경제 사상의 흐름을 더욱 풍부하고 깊게 만든 또 한 사람의 중요한 경제 사상가로서 칼 폴라니를 들지 않을 수 없다. 그런데 아쉬운 일은 폴라니의 가장 잘 알려진 저작 『거대한 전환(*The Great Transformation*)』[40]

에는 이러한 살림/살이 경제 사상가로서의 폴라니의 면모가 전면적으로 드러나고 있지 않다는 점이다. 베블런의 경우와 마찬가지로 그러한 폴라니의 면모를 드러내는 것은 별도의 저서가 필요할 일이니만큼, 여기에서는 그의 초기 '실체적 경제(substantive economy)'라는 개념 하나만을 놓고 그 발전과 함의를 따져 보도록 하겠다.

폴라니 또한 베블런과 마찬가지로, 하지만 상당히 다른 각도에서 19세기 사회주의자들의 살림/살이 경제 사상 발전을 좌초시켰던 '가치 이론'의 함정을 피해갈 수 있었다. 1920년대 비엔나에서 벌어진 사회주의 계산 논쟁에서는 오로지 생산 과정에서의 기술적 생산 계수만을 놓고 철저한 중앙 명령 계획으로 경제를 조직할 것을 내건 '사회주의자' 오토 노이라트(Otto Neurath)에 맞서서, 시장주의자 루트비히 폰 미제스(Ludwig von Mises)는 사적 소유와 시장 교환이 없이는 가격을 산출할 수 없고 이러한 시장가격이 없이는 합리적인 회계가 불가능하여 결국 산업 시대의 복합 경제를 효율적으로 구성할 수가 없다는 논지를 전개하고 있었다. 이 논쟁에서 폴라니는 시장가격에 근거한 것이 아닌 '사회주의적 회계'라는 제3의 입장을 제시하고 있었다.[41] 먼저 폴라니는 여러 재화

---

40 홍기빈 옮김, 『거대한 전환: 우리 시대의 정치·경제적 기원』(길, 2009)

및 서비스의 가치를 평가하고 이를 장부에 계상하는 회계라는 과정이 결코 자연적이거나 객관적인 것이 아니라 사회적으로 합의된 목적에서 구성되는 것임을 강조한다. 즉 그의 표현으로 가치와 회계란 '자연(physis)'에 속한 문제가 아니라 사회의 '관습(nomos)'에 속한 문제라는 것이다.[42] 따라서 생산의 기술 계수라는 거의 순수하게 '자연적'인 관점에서 산업을 조직하려는 명령 계획경제의 입장도 잘못이지만, 시장에서 형성된 가격과 그것에 기초한 회계만을 유일무이의 회계 체제라고 생각하는 미제스의 관점은 이러한 회계 체제의 본질을 간과한 오류라고 폴라니는 말한다. 자본주의에서의 회계가 자본가들의 이윤이라는 '사회적으로 합의된 목적'에 의해 구성되는 체계라는 점을 기억한다면, 사회 전체의 물질적 복리 증진과 도덕적·이상적 가치도 반영된 새로운 회계

---

41 Karl Polanyi, "Sozialistische Rechnungslegung" *Archive für Sozialwissenschaft und Sozialpolitik* Bd. 49: 377-418.
42 이 점에 있어서 폴라니의 관점과 흥미로운 일치점을 보이고 있는 글이 있다. Cornelius Castoriadis, "Value, Equality, Justice, Politics: From Marx to Aristotle, and from Aristotle to Ourselves", in *Crossroads in the Labyrinth* (Cambridge, Mass: MIT Press, 1984). 여기에서 카스토리아디스는 상품의 가치의 기초를 추상 노동이라는 자연(physis)에서 찾으려고 했던 마르크스와 공동체의 필요(chreia)라는 사회적 관습(nomos)에서 찾으려고 했던 아리스토텔레스의 관점을 대비시키면서 가치 이론의 기초를 새로운 지평으로 옮기고 있다.

체제를 구성하지 못하라는 법이 없으니, 즉 '사회주의적 회계 체제'를 새로이 구성한다는 제3의 출구가 있다는 것이었다. 요컨대, 가격과 가치란 부동의 자연적인 것이 아니라 공동체가 가진 여러 정신적·물질적 환경과 제약 요건에 따라 사회적으로 구성되는 것이라는 점이다.

하지만 당시 그를 알던 이들의 회고에 따르면, 이러한 폴라니의 생각은 스스로 한계에 부닥치게 되었다고 한다. 비록 공동체 전체와 개별 성원 모두의 정신적·물질적 자유의 극대화와 더불어 도덕적 가치를 실현한다는 이러한 원칙으로 가치의 산정과 회계 체계의 수립이 가능하다고 해도, 이는 어디까지나 이론적 가능성일 뿐이다. 현실에는 시장경제에서 산정된 가격 체계와 그로 구성되는 회계 및 금융 체계가 엄존하고 있다. 여기에서 '시장경제(exchange economy)'와 공동체 전체 그리고 개별 성원 각각의 살림/살이를 충족시킬 수 있도록 배분되어야 할 이상적인 '구매력(purchasing power)' 경제의 이율배반이 나오게 된다. 전자가 현실에서 버티고 있는 상황에서 후자의 이론적 가능성을 제시한다고 해도, 두 가지 체계는 전혀 다른 원칙으로 구성될 수밖에 없으므로 후자가 전자와 어떻게 관계되어 있는지 또 앞으로 과연 출현하게 될 가능성이 있는지에 대해서 아무리 생각해 보아도 별 성과를 얻을 수 없었다는 것이 그가 부닥쳤던 문제였다고 한다. 비록 베블런과 각도는 다르지만, 시장경제와 돈벌이 영역이 아닌 인간의 살림/살이로서의 경제라는 영역이 비록 이론적인 차원에 국한되어서나마 폴라니의 사유 속에 자리 잡게 된 것이다.

그런데 이러한 폴라니의 고민은 새로운 각도에서 실마리를 얻게 된다. 『거대한 전환』에 개진되어 있는 19세기 이래 유럽 시장경제의 사회사를 연구하는 과정에서 폴라니는 후자의 영역이 이론적 가능성으로만이 아니라 실제 역사적으로 항상 존재했으며 제도적으로 강제되어 있는 시장경제 영역에서의 회계 체계와 항상 충돌과 모순을 벌였다는 것, 그리하여 결국은 후자의 자기 조정(self-regulating) 기능을 무너뜨리게 되고 말았다는 결론에까지 도달하게 된다. 이른바 '이중적 운동'이 벌어진 것이다. 한편으로 오로지 시장에서의 가격 산정과 그 자기 조정에 의해 이루어지는 체계가 존재하며 이는 국제적 금본위제의 준칙으로 제도화된다. 하지만 사회의 현실에 있어서는 농촌의 보존을 요구하는 토지 세력들과 농민들, 최소한의 인간적 삶의 보장을 요구하는 노동자들, 생산 조직의 파괴적인 연쇄 도산을 막아달라고 요구하는 영리 기업가들이 저마다 이러한 시장경제의 자기 조정으로부터의 보호를 외치고 나서며, 사회 전체로서는 공동체의 살림/살이 그리고 그 구성원들의 살림/살이를 보호해야 한다는 엄연한 현실 앞에서 그러한 국제 금본위제의 작동과 무관하게 일정한 구매력을 배분하고 창출하지 않을 수 없었던 것이다. 이러한 모순이 결국은 1930년대에 들어서서 금본위제의 파산과 세계적 시장경제 전체의 몰락으로 이어졌고 이후에는 공동체 전체와 개별 성원들의 살림/살이의 원칙을 시장경제의 자기 조정 원칙보다 우선적 위치에 두는 다양한 정치경제 형태들—파시즘, 뉴딜, 공산주의, 사회민주주의 등—이 나타나게 되었다는 것이다.[43]

결국 자본주의 이전의 여러 사회들은 말할 것도 없고, 심지어 현대 자본주의에서조차도 이렇게 눈에 보이는 바의 시장경제 아래에서 실제 공동체와 그 성원들의 살림/살이를 보존한다는 원칙으로 엄연히 작동하는 경제가 존재하며, 이것으로 구성되고 또 이를 보호하는 것을 원칙으로 삼는 '사회'가 엄연히 존재한다는 것이 폴라니의 결론이었다. 이러한 살림/살이 경제의 존재는 그가 1950년대 이후의 작업에서 제시했던 '실체적 경제'의 개념으로 나타나게 된다.

---

43 이러한 폴라니의 사상적 발전을 이해할 수 있는 중요한 실마리는 비엔나에서 폴라니와 함께 정치경제학 세미나를 진행했던 샤퍼(Felix Schafer)의 회고에서 찾을 수 있다. Felix Schafer, "Vorgartenstrasse 203: Extracts from a Memoir" in *Karl Polanyi in Vienna*, ed. by K. McRobbie and K. Polanyi-Levitt, (Montreal: Black Rose, 2000).

그의 실체적 경제의 개념은 '형식적 경제(formal economy)'의 대립 개념이다. 먼저 그는 '경제'라는 말의 두 가지 정의를 명확하게 구별하여 제시하고 있다. (1장에서 우리가 보았던 논의는 이러한 폴라니의 구별에 근거한 것이었다.) 1장에서 이미 본 대로, '형식적 경제'란 주어진 희소성의 상황 아래에서 자신의 만족을 극대화할 수 있도록 최선의 선택을 한다는 원칙으로 구성되는 경제의 영역을 말한다. 하지만 경제에는 또 다른 그리고 훨씬 더 오래된 정의가 있다. 바로 자신이 살아가는 살림/살이에서의 여러 욕망을 충족시킬 수단을 조달한다는 의미다. 이러한 의미에서의 경제가 바로 실체적 경제다.

실체적인 경제의 개념은 우리가 경험적으로 발견할 수 있는 현실의 경제에서 얻을 수 있다. 이 실체적 경제 개념을 간략하게 정의하자면(매력적인 정의는 못 된다), 인간과 인간의 환경 사이에 벌어지는 상호 작용의 제도화된 과정으로서, 욕구 충족에 필요한 물질적 수단의 지속적 공급이 여기에서 나오는 것이라고 할 수 있다. 만약 목적 달성에 물질적 수단의 사용이 들어간다면 욕구 충족을 '물질적'이라고 할 수 있다. 식량과 잠자리와 같은 구체적 유형의 생리적 욕구의 경우라면 소위 각종 서비스라고 불리는 것의 사용만을 포함한다.[44]

어떤 사회든 사람은 살림/살이를 계속해야 한다. 그리고 사회는 이 살림/살이가 지속될 수 있도록 보장해야 하며, 집단적·개인적 살림/살이의 모든 과정을 하나의 안정된 틀과 구조로서 제도화해야만 한다. 동서고금을 막론하고 모든 사회가 '경제'에 기초해 있다고 말할 때의 경제는 바로 이 실체적 경제를 말하는 것이지 형식적 경제를 말하는 것이 아니다. 인간 세상에서 경제 행위는 잠시도 끊임없이 항상 벌어지게 되어 있지만, 이 경제 행위는 어디까지나 실체적 경제일 뿐이며, 형식적 경제란 실체적 경제가 작동할 적에 우연적으로 취할 수 있는 제도적 형태의 하나에 불과할 뿐이다. 따라서 시장경제에서의 돈벌이 경제학으로 실제 인간의 살림/살이의 과정을 설명할 수 있는 폭은 항상 제한되어 있으며, 사회 전체의 모든 영역—종교적·정치적·문화적·사회적 영역 등등—에 걸쳐서 살림/살이와 관련된 모든 과정들이 제도화되어 있는 모든 모습을 구체적으로 살필 필요가 있다. 이것이 실체 경제학(substantive economics)의 내용이 될 것이다.

이 짧은 글에서 더 이상 다룰 수 없으나, 폴라니의 방대한

---

44 Karl Polanyi, "Economy as Instituted Process", in *Trade and Markets in Early Empires* ed. by K. Polanyi et. al., (Illinois: Free Press, 1957) p.248

경제사와 경제 인류학 연구 작업은 이 실체 경제학의 내용을 채우는 것이었으며, 이는 돈벌이 경제학에 몇 백년째 절어 있는 기존의 경제학과 경제 사상을 근본적으로 흔들 만한 명제들을 담고 있다. 뿐만 아니라 시장경제 아래에서 인간의 도덕적 가치와 정신적·물질적 자유와 존엄이 보장될 수 있는 살림/살이로서의 경제를 사고하고자 하는 이들에게 지속적인 영감의 원천이 되고 있다.

살림/살이 경제의 발견

이 글에서는 사회주의 경제 사상, 베블런, 폴라니라는 세 가지 꼭지밖에 그것도 아주 피상적으로밖에 다루지 못하였지만, 이를 통해서 2장에서 우리가 보았던 돈벌이 경제학의 공고화를 근본적으로 전복할 만한 사상과 아이디어가 맹아적으로나마 윤곽을 보이면서 면면히 흘러오고 있음을 발견할 수 있다.

2장에서 우리는 르네상스 시기 이래 서유럽에서 중상주의 경제 사상이 출현함에 따라 그 이전 중세와 고대의 살림/살이 경제와 구별되는 돈벌이 경제와 경제 사상이 본격적으로 나타났던 것을 보았다. 그런데 이렇게 애매하게 병존하던 살림/살이 경제학과 돈벌이 경제학은 중농주의자들과 애덤 스미스가 저 포괄적인 '자연법'의 체계를 들여오면서 동일한 하나의 논리적 체계로 통일되기 시작했음을 보았고, 사실상 이것이 살림/살이 경제보다는 돈벌이 경제로의 통일이라는 편향을 가지고 있음을 보았다. 그리고 이것이 리카도와 마르크스 등의 '가치 이론'을 통한 건고한 정치경제학 체계가 구성되면서 그러한 편향이 더욱 확대되었고, 마침내 마샬 이래의 신고전파 경제학에서는 인간의 모든 살림/살이가 시장에서의 수요 공급과 가격 형성이라는 것으로 수렴되는 것처럼 이론이 구성되어 버렸다는 점을 보았다. 그리고 이는 엄연히 존재하는 우리의 살림/살이 경제를 오로지 돈벌이 경제학의 개념과 범주들을 통해서만 보게 만듦으로써 훗설이 말하는 근대 자연과학에서 벌어져 온 '생활 세계의 폐색'과 마찬가지의 문제를 낳았다는 점을 보았다.

19세기의 사회주의자들은 특히 현대 산업사회의 도래라는 위기를 배경으로 하여, 이러한 경향에 맞서서 다시 인간의 살림/살이의 문제를 경제 사상과 사회과학 전체의 핵심 문제로 삼으려고 했다. 하지만 마르크스의 경우에서처럼 '과학적' 경제 이론 수립의 전제로서 '가치 이론'이 다시 기초로서 도입되는 가운데 그러한 살림/살이 경제의 존재와 고유의 논리에 대한 천착은 다시 좌절되고 오히려 대단히 견고한 돈벌이 경제학이 사회주의 운동의 사상적 기초가 되어가는 아이러니를 살펴보았다.

여기에서 베블런과 폴라니가 이룬 혁신의 중요성을 음미해 볼 필요가 있다. 두 사람 모두 '과학적 기초'로서의 '가치 이론'이라는 한정을 나름의 방식으로 우회하여, 화폐 경제 돈벌이 경제와는 구별되는 영역으로서의 살림/살이의 경제—베블런의 '산업' 그리고 폴라니의 '실체적 경제'—의 개념을 명확히 제시하였다. 뿐만 아니라 이러한 개념이 현실에 엄연히 존재하고 있을 뿐만 아니라 돈벌이 경제의 영역과 어떠한 논리적·실제적 관계를 맺고 있는지를 파악할 수 있는 방법론의 기초를 마련했을 뿐만 아니라 실제 연구에 있어서도 큰 업적을 이룩한 바 있다. 이렇게 18세기 말 이래 면면히 계속되어 온 주류 경제 사상의 흐름에 거슬러서 다시 살림/살이 경제의 영역을 개념적·이론적으로 분명히 한 두 사람의 저작은 지속적인 살림/살이 경제 사상의 확대와 발전에 지속적인 영감의 원천이 되고 있다.[45]

---

[45] 여기서는 두 사람만 언급하도록 하겠다. 첫째는 '사회적 비용(social cost)'의 개념을 혁신적으로 발전시킨 칼 윌리엄 캅(Karl William Kapp)이다. 시장경제의 작동 과정에서 제3자 혹은 사회 차원에서의 의도하지 않은 비용과 피해를 발생시킬 수 있다는 '외부성'의 문제는 신고전파 경제학에서도 오래 이야기되어 온 문제지만, 캅이 이 문제를 접근하는 관점은 그

야말로 살림/살이 경제라는 혁신적인 것이라고 해도 좋을 것이다. 우선 그는 이러한 사회적 비용이 우발적인 것이 아니라 현대 주식회사와 같은 영리기업의 운영과 작동 나아가 시장경제 전체의 운영과 작동에서 필연적으로 발생하는 것이라는 점을 강조하고 있으며, 이 점에서 베블런으로부터 받은 영향을 명시적으로 밝히고 있다. 그는 이를 또 공해 등과 같은 문제들뿐만 아니라 과잉 설비로 인한 저조한 공장 가동률, 과당 경쟁으로 인한 무정부적 상태, 기술적 실업 등과 같은 현대 산업 경제의 만성적 문제들 또한 사회적 비용의 문제로 파악할 만큼 이 개념의 폭을 넓히고 있다. 또 그는 외부성을 시장가격을 통한 보상의 비용으로 환산할 수 있는 것으로 보는 관점에 반대하여, 사회적 비용은 사실상 시장가격으로 환산할 수 없는 '실체적 경제'(이 개념을 그는 폴라니와의 서신 교환 속에서 발전시킨다)의 문제로 볼 것을 요구하고 있다. 따라서 산업 경제의 폐해로부터 인간의 살림/살이 경제를 지켜내기 위해서는 시장가격으로 계산할 수 없는 실체적 경제의 개념으로 깊숙이 들어갈 필요가 있다고 보는 것이다. 대표적 저작으로는 *Social Costs of Business Enterprise*(Bombay: Asia Publishing House, 1963). 그의 저작들의 다수는 http://www.kwilliamkapp.de/pubList.htm에서 내려받을 수 있다. 또 이반 일리치(Ivan Illich)는 칼 폴라니에게서 깊은 영향을 받은 이로, '그림자 노동(shadow work)'이나 '제도적 빈곤(institutionalized poverty)' 등의 개념을 통하여 20세기 말 현대 자본주의에서 지구적 차원의 하층 계급의 살림/살이가 빈곤 상태에 처하게 되는 실제적 상황과 메커니즘을 깊숙이 보고 있으며, 이것이 돈벌이 경제의 시각으로는 결코 제대로 파악될 수 없다는 것을 누누이 강조해 왔다. 여러 저작이 있으나, *Gender* 2nd ed.(New York: Pantheon Books, 1982); *Toward a History of Needs*(New York: Pantheon Books, 1978)를 참조하기 바란다. 마지막으로 베블런이나 폴라니의 영향을 별로 느낄 수는 없으나, 아마르티아 센(Amartya Sen)의 작업 또한 살림/살이 경제학의 재생과 발전에 중요한 의미가 있다고 생각된다. 또 *Human Well-being and Economic Goals*, ed. by F. Ackerman et. al.(Washington D. C.: Island Press, 1997)에는 유용한 글들이 많이 실려 있다.

4

살림/살이와 돈벌이의 관계를
어떻게 바로잡을 것인가

살림/살이 경제(학)에 있어서 가장 핵심이 되는 원리는 '인간 존재의 전면적 발전'이다. 이는 단지 돈벌이 경제가 지배하는 현실에 대한 케케묵은 도덕적 '비판'의 차원에 머무는 부정적인 원리도 아니며, 또 '욕망에 대한 부정'이라는 소극적 원리도 아니다. 이는 사람을 쾌락과 고통의 계산기이자 선택자로 상정하는 돈벌이 경제의 인간관과 단절한다.

1장에서 우리는 돈벌이 경제와 구별되는 의미에서의 살림/살이 경제라는 것의 존재를 살펴보았다. 그리고 2장에서는 서구의 경제 사상사를 일별하면서 어떻게 하여 살림/살이 경제의 존재가 경제 이론에서 밀려나거나 돈벌이 경제의 하위 체계로 포섭되었는가를 살펴보았다. 그리고 3장에서는 이러한 흐름에도 불구하고 19세기 이후로 살림/살이 경제의 존재를 다시 확인하고자 했던 몇 명의 경제 이론가들의 실패와 성공 그리고 주요 개념들을 살펴보면서 새롭게 살림/살이 경제학을 구성할 가능성을 암시하였다. 그렇다면 이제 그렇게 구성될 살림/살이 경제학의 내용이 어떤 것일지에 대해서 생각해 볼 차례다.

물론 이는 현재의 나의 능력과 준비를 훌쩍 넘어서는 과제며, 이 책은 그 문제를 체계적으로 다루기 위한 글도 아니다. 하지만 그래도 이 책에서 살림/살이 경제학에서 얻을 수 있는 지혜와 생각의 한 끄트머리만큼은 제시할 필요가 있다고 생각한다. 20세기 후반부 이래의 반세기는 전 지구적으로 상품화가 놀라울 정도의 속도와 깊이로 진행된 기간이며, 그 와중에서 우리들이 살림/살이 경제를 생각하고 계획하는 관점이 돈벌이 경제의 관점에 심히 침윤당했다는 것은 1장에서 이야기한 바 있다. 이는 좀 더 길게 보면 폴라니가 말하는 '허구적 상품'이 나타난 19세기부터 아니면 월러스틴(Immanuel Wallerstein)이 말하는 대로 15세기 후반 '근대 세계 (시장) 체제'가 생겨난 다음부터 계속 진행되어 온 역사적인 추세일 것이다. 그런데 새천년이 밝아 온 오늘날 이러한 추세가 계속될 경우 인간의 자유와 도덕과 같은 가치는 물론 인간의 행복 나아가 자연 생태계와 인류의 생존 자체마저도 근본적인 위협에 봉착할 것이라는 경고가 도처에서 나오고 있는 상태다. 따라서 더 늦기 전에 다시 살림/살이 경제라는 관점을 다시 확립하고 돈벌이 경제를 그 있어야 할 제자리에 있도록 균형과 조화를 회복해야 한다는 것이 애초에 이 책을 쓰면서 말했던 문제의식이기도 했다.

살림/살이 경제를 구성하는 원리와 규범에 대한 연구는 생태 문제나 국가 재정 문제를 비롯하여 인간 생활의 모든 수준과 영역에서 새롭게 벌어져야 한다. 제대로 된 인간의 살림/살이라는 원리야말로 산업 시대의 인간 세상을 새롭게 조직하고 바꾸어 나가는 데 가장 기초적인 원리가 되기 때문이다. 하지만 이렇게 크고 원대한 이야기부터 시작하는 것이 꼭 좋은 방법은 아닌 것 같다. 돈벌이 경제의 원리가 그러하듯, 살림/살이 경제의 원리 또한 어느 규모에서의 문제든 그것들을 관통하는 보편적인 원리가 있다고 보인다. 그렇다면 어쩌면 가장 미시적이라고 할 수 있을 개인의 삶이라는 영역을 작은 표본으로 이야기를 풀어가면 어떨까. 큰 스케일의 문제에 대한 연구, 해결 방안, 행동의 조직을 기다리는 것은 시간이 걸릴 일이지만, 어쩌면 이보다 가장 시급한 것은 개인의 삶에 깊이 들어온 돈벌이 경제(학)의 폐해를 어떻게 어떤 원리로 극복하고 재구성할 것인가가 아닐까 싶다. 그리고 그 속에서 비단 개인의 삶이라는 스케일뿐만 아니라 더 거시적인 혹 더 미시적인 스케일에서도 보편적으로 적용될 수 있는 핵심적 원리와 개념들을 생각해 보겠다.[46]

---

46 물론 '살림/살이 경제학'의 원리가 개인의 삶이라는 수준에서만 적용되는 것은 결코 아니다. 오히려 실제로 해보면 느끼겠지만, 개인의 경제적 삶에서 개인 차원의 결단과 의지로 재조직할 수 있는 부분은 그렇게 넓지 않다. 명품 가방이나 옷에 대한 욕구는 내 스스로 조절할 수 있지만, 주택, 교육, 의료와 같은 문제는 그것이 거의 불가능하다. 원하든 원치 않든 아이

'좋은 삶'

1장에서 이야기한 것처럼, 오늘날 많은 사람들이 돈벌이와 살림/살이를 동일한 것으로 생각할 것이며, 이는 충분히 이해할 수 있는 일이다. 돈 한푼 없이는 살림/살이의 그 어떤 것도 제대로 풀기가 힘든 세상이 되어 버렸으니까. 하지만 이 책에서 누누이 이야기했던 바, 돈벌이의 문제로 결코 해소될 수 없는 살림/살이의 문제는 여전히 우리 삶에서 무수히 존재한다. 그런데 안타깝게도 많은 이들이 이를 모두 돈벌이로 해결할 수 있다고 믿는 착각도 도처에서 횡행하고 있다. 하지만 그렇지 않다. 살림/살이의 문제는 돈벌이의 문제와 뚜렷이 구별되는 독자적인 가치와 조직 원리를 가지고 있

들 교육비, 환자 의료비 등은 그 지출 수준이 사실상 '사회적 차원'에서 결정되는 것이기 때문이다. 따라서 살림/살이 경제학은 개인보다 더 큰 가족, 지역 공동체, 나라 전체, 심지어 세계 경제와 같은 범위에서도 실행되어야 하며 또 그렇게 할 수 있다. 만약 그렇지 못하다면 우리는 지구적 규모의 환경 위기를 피할 도리가 없을 것이다. 이 점에서 '살림/살이 경제학'의 원리를 나라 차원, 즉 '국민경제' 차원에서 적용하는 것이 예컨대 스웨덴 사회민주주의 체제의 중요한 핵심 원리였다. 1930년대 이후 이 모델의 가장 중요한 설계자들은 스웨덴 사회민주당의 핵심적인 이념으로서 '나라살림의 계획(planhushållning)'을 내걸었으니까. [이 점에 대해서는 홍기빈 지음, 『비그포르스, 복지국가와 잠정적 유토피아』(책세상, 2011)를 참조.]

다. 그것은 바로 '좋은 삶'이라는 것이다.

공리주의 철학의 세례에 속속 젖어 버린 19세기 이후의 자본주의 문명은 이 '좋은 삶'이라는 것을 '쾌락(pleasure)의 극대화가 이루어지는 삶' 즉 아주 좁은 의미에서의 '잘 먹고 잘 사는 삶'과 동일한 의미로 이해하는 경우가 많다. 이렇게 이해한다면 내가 말하는 '좋은 삶'이라는 것도 돈벌이 경제가 지향하는 돈과 효용의 극대화라는 원리와 별반 다를 것이 없이 느껴질 것이다. 하지만 우리가 2장에서 잠깐 보았던 아리스토텔레스가 사용한 이후로 서양 사상에서 이 말이 뜻하는 것은 그보다 훨씬 포괄적인 것으로서, 인간 존재의 범위가 어디까지이며 그 안에 담긴 궁극적 의미는 무엇인가라는 질문에서 시작하여 삶의 물질적, 정신적, 미학적, 도덕적 측면까지를 종합적으로 고찰하여 정의 내려지는 것이었다. 요컨대, 물질적 풍족이나 감각의 만족뿐만 아니라 자신이 소중히 할 수 있는 도덕적 가치까지 풍부하게 실현되는, 그래서 자신의 머리에 깃든 신성(神性)이 극도로 활성화되는 삶(eudaimonia)이라는 의미를 담고 있었다. 이것이 아리스토텔레스가 처음으로 명료하게 제시했던 바, 살림/살이 경제가 지향하고 이제 우리가 지금 나 개인의 삶에서 돈벌이가 아니라 살림/살이의 원리로 바라보아야 할 영역이 이 '좋은 삶'이다.

먼저 '노후' 문제의 예를 들어보겠다. 몇 년 전 대학생들을 대상으로 강연을 하고 있던 중에 청중들을 향해 돈을 벌어 어디에 쓰고 있느냐고 물었더니, 어느 소녀티를 채 벗지 않은 앳된 얼굴의 여대생이 이렇게 대답했다. '노후'를 대비하여 '연금'을 들었다고. 그러면서 그녀는 신이 나서 나에게 이런 설명을 늘어놓았다. "선생님, '복리의 마법'을 아시나요? 일정한 시간이 지나면 지수함수처럼 급격하게 원리합계가 폭증하게 되어 있답니다. 이 마법을 이용하여 노후를 준비하려면 가급적 일찍부터 연금을 붓는 것이 좋지요. 호홋." 운운.

　너무나 천진한 아이 같은 모습에 귀엽기도 하고 속으로 어찌나 웃음이 나던지. 하지만 웃음을 참고 그녀에게 이렇게 물었다. "학생은 나중에 그 돈 타면 무얼 하고 싶어요?" 그녀는 또 신나게 대답했다. "맛난 것도 먹고요. 좋은 곳으로 여행도 다니고요. 요트, 승마도 배우고요. …… 호홋." 가만히 들어 보니 자신에게 지금 돈과 시간이 주어진다면 하고 싶은 일들을 죽 늘어놓는 형국이었다. 그래서 다시 한번 물었다. "만약 내년에 죽는다면 그런 일들이 하고 싶을까요?" 순식간에 그녀의 밝은 재잘거림이 멈추어 버렸고 얼굴은 멍한 표정으로 바뀌어 버렸다. "다음 주에 나올 암 검진 결과를 기다리고 있다면? 공들여 기른 자식들이 내 속을 갈가리 찢어 놓는 짓을 한다면? 아침에 일어날 때마다 잠자리에 들 때마다 인생에 대한 공허감과 죽음에 대한 두려움이 짓눌러 온다면?"

등등.

　어느새 우리들에게 '노후'의 준비는 곧 노후 '자금'의 준비가 되어 버렸다. 물론 몸이 아파 오고 경제 활동 능력이 떨어지는 노후 생활을 위한 물질적 자원의 준비는 필요하다. 하지만 '노후'란 단순히 돈이나 물질이 있으면 해결되는 돈벌이 차원의 문제가 아니다. 왜 태어나게 된 것인지 아무리 생각해도 알쏭달쏭한 인생이라는 놈의 종착점에 다다르면서 인생을 어떻게 정리할지 또 죽음과 그 뒤에 있을지 모를 세계로의 도약을 어떻게 준비해야 할지 등에 대해서 포괄적으로 답을 내려야 하는 그야말로 살림/살이의 문제다. 하지만 노후 '자금' 준비에만 골몰하다 보면 어느새인가 곧 그것이 노후의 준비 자체인 듯 헷갈리게 되고 정작 인생의 그 단계에 이르렀을 때에 정말로 필요한 여러 문제들은 아무런 준비도 못하게 되는 경우가 많다. 사실 앞의 그 여대생이 특이한 경우는 아니다. 세계적인 한 보험회사에서 연금 상품을 판매하는 작은 리플렛의 앞면 사진에 이런 것이 있다. 일흔은 되어 보이는 머리 허연 노인이 반바지에 헐렁한 셔츠와 선글라스를 끼고 손녀뻘 되어 보이는 비키니 미녀(두 명씩이나!)를 양쪽에 팔짱 끼고서 해변을 걷는다. 그 위에는 이렇게 쓰여 있다. "부자로 은퇴하세요!(Retire Rich!)" 비록 나는 그 나이가 되어보지는 않았지만, 그런 생활로 노후의 문제가 풀릴 것이라는 어처구니없는 환상을 담고 있는 그 리플렛 사진을 보고 큰 충격을 받지 않을 수 없었다.

 노후를 살림/살이의 관점에서 보는 지혜는 동서고금에 무수히 찾을 수 있다. 인도에서 내려오는 오랜 전승에 따르면, 인생은 4단계로 구별된다. 만약 수명을 100살로 본다면, 25세까지는 일체의 금욕으로 오로지 배움에 정진한다. 50세까지는 가정을 이루고 재산을 모으며 세상의 여러 즐거움을 맛본다. 75세까지는 자신의 주변을 돌보면서 책임 있는 어른으로서의 도리를 다한다. 75세 이후에는 출가(出家)하여 수행(修行)에 정진하면서 죽음을 맞는다. 이렇게까지 고상한 노후가 아니라고 해도, 살림/살이의 관점에서 보자면 노후를 위해 정작 준비해야 할 것은 내 건강을 지키는 기술과 습관, 믿고 의지할 수 있는 친구나 이웃, 노후에도 일하면서 부수입이라도 올릴 수 있는 기술이나 능력 등등이다. 그런데 이런 것들은 연금으로 해결할 수 있는 문제가 결코 아니며, 상당한 시간 동안 꾸준히 시간과 노력을 투입하여 공을 들여야 하는 것들이며, 여기에서 그야말로 '좋은 삶'이란 무엇이냐는 질문과 관련된 그 사람의 인생관과 가치관이 표출되는 대목이기도 하다. 그런데 이런 것들을 준비하지 못한 상태에서 연금만 가지고 정말 살림/살이로서의 노후를 대비할 수 있는 것일까.

이 노후 문제는 살림/살이 경제의 관점에서 우리 삶의 조직 방식을 성찰해 보는 좋은 단서가 될 것이다. 요즘 많이 쓰이는 말로 '인생 주기(lifecycle)'의 관점으로 이 노후 문제를 확장해 보자. 결혼은 어떠한가? 출산과 양육은 그렇다 쳐도 자식의 교육 문제는 어떠한가? 직장 선택이나 주거 선택의 문제는 어떠한가? 이 문제들은 분명히 '좋은 삶'의 관점에서 풀어야 할 문제다. 한 번밖에 주어지지 않은 인생의 과정을 어떻게 어떤 가치로 풀어야 하는가는 살림/살이의 문제다. 그런데 오늘날 우리는 이런 문제들도 모두 돈벌이 경제의 관점에서 풀고 있지 않은가? 그래서 그 결과 살림/살이 경제의 관점은 뒷전으로 물러나고, 결국 좋은 삶 대신 공허한 삶의 하루하루만 지루하게 펼쳐지는 결과를 얻고 있지는 않은가?

'결혼 시장'이라는 표현은 이렇게 배우자의 선택이 상대방의 이런저런 조건을 모두 현금 가치로 환산하여 자신의 가치와 비교한 후 최대한 이익이 되는 상대, 최소한 '등가교환'이라도 보장될 수 있는 상대를 골라낸다는 뜻을 담고 있으므로 상당히 냉소적인 어감을 가지고 있지만, 어느덧 우리나라는 이 말을 사람들이 아무렇지도 않게 쓰는 사회가 되어 버렸다. 물론 배우자의 여러 조건을 따지고 고려하는 것이야 어느 시대 어느 사회에나 있었을 것이며 또 분명 중요하게 고려해야 할 사항이기도 할 것이다. 그리고 어쨌든 자신의 삶이니 그렇게 배우자를 고르는 것도 옛날 유행가 가사처럼 '제멋이지만',[47] 그렇다고 해도 또 다시 여기에서도 살림/살이 경제의 관점과 돈벌이 경제의 관점 중 어떤 것으로 보느냐는 중대한 차이를 낳을 것이다. 요즘은 배우자의 연간 소득보다도 그(녀)의 가족 배경이 더욱 결혼 시장에서 효력을 발휘한다고 한다. 배우자의 소득을 모아 봐야 그 부모가 쟁여놓은 재산과 지위를 활용하는 것에 어찌 비할 것인가라는 관점이 깔려 있을 것이다. 그런데 그렇게 '끗발 좋은' 시부모 장인장모의 덕을 볼 경우 거기에 따르는 자유의 상실과 독자적인 결혼 생활 방식의 침해 등등의 문제는 아무런 고려 사항이 되지 않는 것인가? 최소한 살림/살이의 관점에서 보면 분명히 그렇지는 않을 것이다.

우리나라의 교육열은 가히 타의 추종을 불허한다고 한다. 그리고 부모들은 이러한 자신들의 교육열을 자식에 대한 순

---

[47] '여러분 부자 되세요'가 국민적 인사말로 되어 버린 요즘은 참으로 격세지감이지만, 불과 약 40년 전만 해도 '좋은 삶'이 '돈 많이 버는 삶'과는 다른 문제라는 구별은 암묵적으로 상식과 같은 생각이었다. 당시 거의 국민가요처럼 대유행하던 어느 노래의 가사가 그 방증이 될 것이다. "멋쟁이 높은 빌딩 으스대지만 / 유행 따라 사는 것도 제멋이지만 / 반딧불 초가집도 님과 함께면 / 나는 좋아 나는 좋아 님과 함께면." 당시 서너 살이었던 어느 꼬마 아이는 이 노래를 흥얼거리다가 '좋은 삶'의 원리를 깨우치고 살림/살이 경제학을 지향하는 연구자로 자라나기도 했다나.

수한 사랑이라는 그럴 듯한 동기로 포장한다. 하지만 내가 관찰하는 바로는 이는 심히 의문스럽다. 내가 보기에는 자식을 하나의 '자산'으로 보아 그 '가치'를 극대화하는 과정으로 보는 것이라는 쪽이 분명히 일정한 설명력을 갖는다. 우리가 이른바 '질 좋은 교육'을 이야기할 때 그 의미는 "지덕체를 고루 갖추고 이웃들과 어울리면서 인간다운 삶을 살 수 있는 인격체의 형성"과 같은 고상한 의미가 아니다. 사실은 '레테루' 좋은 대학에 입학하여 남을 압도할 수 있는 상품 가치—요즘 말로 '경쟁력'—를 갖추게 하는 과정을 의미한다. 전자라면 살림/살이의 관점이라고 할 수 있을지 모르겠으나 후자라면 철저하게 자식을 하나의 '자산'으로 보는 돈벌이 경제의 관점이다. 그렇게 자식의 '자산 가치'를 올려 주는 것이 또 이 험한 세상에서의 부모 사랑이 아니냐고 할 수도 있겠다. 하지만 이것도 의문이 간다. 물론 좋은 대학 보내려고 자식을 닦달하는 부모의 마음에 어찌 진정한 자식 사랑이 들어 있지 않으랴만 결코 그게 다는 아니다. 그렇다면 그렇게까지 비인간적인 생활로 입시 교육 속에서 자식의 심신을 망가트릴 리는 없다. 최소한 얼마간은 "잘못 키워 놓았다가 나중에 커서도 두고두고 속 썩이다가 내 노후에 짐이 되면 어떻게 하나"라는 걱정, 그리고 "앞집 옆집 애들은 무슨 무슨 대학에 들어갔다는데 뒤떨어졌다가는 무슨 망신이람"이라고 하는 자신의 '문화적 자본'에 대한 고려, 그리고 약간이나마 자신의 노후를 좀 기댈 수 있지 않을까 등등의 철저하게 이기적인 고려도 있다. 순수하게 아이를 정말로 사랑하는 마음뿐이라면, 이렇게까지 비인간적이고 살인적인 경쟁에 아이들을 몰아넣는 교육 체제가 나타났을 리가 없다.

갈수록 도덕적 설교처럼 변하는 것 같아 여기서 멈추어야겠다. 하지만 요점은 이렇다. 또 아무리 '돈이 꽃보다 아름답다'고 믿는 사람이라고 해도 삶의 궁극적인 목적이 '많은 돈'에 있는 것이 아니라 '좋은 삶'에 있다는 것을 모를 리가 없다. 그리고 인생은 누구나 거칠 수밖에 없는 여러 개의 인생 주기로 이루어져 있으며, '좋은 삶'이라는 목표에 비추어 그 각각의 주기를 계획할 때에는 살림/살이의 관점에 서는 것이 당연하다. 물론 돈과 물질도 분명히 필요하고 준비해야겠으나, 이는 어디까지나 그러한 자신이 의도한 바의 살림/살이 과정의 수단일 뿐이지 결코 돈벌이라는 것이 살림/살이를 대체할 수 있는 기준 척도가 될 수는 없다. 어떻게 생각해 보면 삼척동자라도 알고 있을 법한 이 너무나 당연하여 진부하기까지 한 이야기는 오늘날 우리가 그렇게 중요한 삶의 여러 대목을 실제로 준비하는 원리와 방식과는 너무나 큰 괴리를 곳곳에서 보이고 있다.

목적-수단의 전도와 균형

다음으로 살림/살이의 핵심적 원리 하나로 생각해 볼 문제는 목적과 수단 관계의 명시적 확인과 확립이다. 다시 한번 아리스토텔레스의 지혜로 돌아가 본다. 그가 크게 강조했던 살림/살이의 원리 하나는, "목적은 무한하며 수단의 양은 그 목적에 의해 정확하게 규정되는 유한한 것"이라는 것이다. 어떤 젊은이들이 오늘 밤 우르르 모여 화끈하게 한번 놀아 보겠다는 굳은 결의를 품고 홍대 앞 모 클럽에 집결했다고 하자. 이들의 목적은 '청춘을 불사름'일 것이며, 그에 맞는 수단은 불사름에 필요한 '일정한 불쏘시개와 연료'일 것이다. 날이 새도록 이 목적의 추구는 실로 무한할 것이다. 하지만 수단은 전혀 무한히 필요치 않다. 토익 책이나 육법전서 등등의 물품은 이날 밤 재화가 아닌 비재화(bads)일 뿐이다. 필요한 수단은 오로지 일정량의 알코올, 팬시한 조명, 확실한 음향과 시크한 디제이면 충분하며, 기껏해야 (법을 무시하기로 했다면) 모종의 약초 혹은 화학물질 정도뿐이다. 게다가 이 수단들의 양도 무한히 필요한 것이 아니라 목적에 필요한 딱 그만큼만 있으면 된다. 마지막에 든 그 '모종의 화학물질'의 예를 들어 보자. 인간들은 이 화학물질로 신나게 놀기, 잠들기, 수술을 위한 마취, 목숨 끊기 등의 다양한 목적에 수단으로 쓰고 있는 것이 현실인데, 이때 중요한 것은 그 목적에 따른 수단의 '정확한 양'이다. 이를 무시하고 무작정 많이 쓰거나 덜 쓰거나 해 보라. 이 밤을 불사르러 모인 불온한 청춘들이 밤새 숙면을 취하고 일찍 일어나 건전하게 직장으로 출근하게 될 수도 있다. 또 수술대 위의 환자가 영면(永眠)에 들어 수술 자체가 불필요하게 될 수도 있다.

그런데 아리스토텔레스가 돈벌이라는 행위에 대해서 붙인 경고는 이 목적-수단의 전도이다. 만약 돈이 목적이 된다면? 본래 돈이란 잠시 뒤에 살펴볼 '좋은 삶'의 수단이라는 것은 자명하며 따라서 누구나 필요한 만큼의 돈이란 정해져 있을 것이지만, 돈이 목적의 자리를 차지해 버린다면 앞의 원리에 따라 목적은 무한하므로 벌고자 하는 양의 돈은 무한대가 될 것이다. 그런데 아리스토텔레스가 정말로 위험시했던 것은 단지 이렇게 한없이 돈을 벌고자 하는 물욕 말고도 또 있었다. 본래 삶의 목적 그 자체로서 추구되어야 할 인간의 각종 활동이 그 돈벌이의 수단이 되어 버린다는 데 있었다. 그렇다면 예술가도 공무원도 선생님도 목사님도 노동자도 자신의 활동을 그 자체로 훌륭하게 만들기 위해 한없이 노력하는 일을 멈추고, 앞의 원리에 따라 돈벌이라는 목적에 필요한 딱 그만큼만 추구하고 말 것이며, 이로써 인간 활동의 질은 계속 추락하게 될 것이라는 것이었다.

더욱 심각한 점은, 돈 버는 데에 수단이 되는 삶 말고는 삶이 없어진다는 점이다. 앞에서 말한 대로, 수단의 양은 목적이 결정한다. 목적에 부합하지 않는 수단은 버려지게 되어 있다. 그래서 돈을 버는 데에 직간접으로 연결되지 않는 삶은 마찬가지로 방기된다. 셰익스피어와 당시(唐詩)를 읽는 삶은 어떤가. 망원경으로 별 헤는 밤을 헤매이다가 별자리 이야기 속에 잠드는 밤은 어떤가. 이런 것들은 돈을 버는 데에도 '경쟁력'을 올리는 데에도 별 무관한 삶이다. 따라서 버려진다. 그래서 인간의 삶은 오로지 돈을 벌고 쓰는 '삶'만이 남게 된다. 결국, 삶의 '총량'이 줄어든다.

여기에서 살림/살이 경제의 중요한 핵심 원리 하나를 얻게 된다. 개인이든 집단 차원이든 모든 종류의 인간 활동에 있어서 그것이 목적으로 삼는 바가 무엇이며 거기에 들어가는 수단은 무엇인가, 그리고 필요한 수단의 정확한 양은 무엇인가의 관계를 분명하게 확립하는 것이다. 이 말은 너무나 심상하고 진부한 명제 같지만 실제 인간 세상에서는 전혀 그렇지 않다. 지난 1994년과 1995년 우리나라에서는 한강 다리 하나와 강남 최대의 백화점 건물 하나가 순식간에 내려 앉아 무수한 인명까지 잃는 황당한 사태가 터진 바 있었다. 과연 그 구조물들의 건설과 관리와 관련된 일련의 과정들이 방금 말한 목적-수단 관계를 제대로 명심하고 이루어졌다고 생각되는가? 그 반대가 되어 엉뚱한 것을 목적으로 삼아 버리고 정작 목적이 되어야 할 것을 수단으로 삼아 버린 것이 아닌가? 개인의 삶에서도 그러하다. 우리가 중요하게 계획하고 실행하고 있는 여러 활동들에서 과연 우리는 무엇이 목적이고 무엇이 수단인지를 명확하게 의식하고 살고 있을까? 그 반대로 살고 있지 않은가? 그 결과 삶의 '총량'은 계속 줄어드는 삶을 살고 있지 않은가?

'자산'이 되어 버린 인간

솔직하게 우리를 돌아본다면, 바로 그러한 목적-수단의 전도(顚倒)가 우리 삶의 곳곳에서 벌어지고 있음을 시인하지 않을 수 없는 것이 지금 이 돈벌이 경제의 현실이다. 그런데 21세기에 들어선 인간 사회에서 그러한 전도가 벌어진 정도는 미증유의 경지에 이르렀고, 마침내 아리스토텔레스와 같은 천재적인 예지자도 미처 예상하지 못했을 정도로 그러한 사태가 벌어지고 있다. 그것은 인간 세상의 만물 만사를 '자산'으로 보기 시작하였고, 마침내 인간 스스로의 존재 자체까지 '자산'으로 보게 되었다는 것이다. 그리고 만물 만사 나아가 자신 스스로의 존재까지도 제대로 다룬다는 것의 의미가 그 '자산' 가치를 극대화한다는 것으로 되어가고 있다는 것이다.

'자산'이라는 말은 '수익의 흐름을 창출할 수 있는 소유물'을 말한다. 따라서 자산의 가치란 곧 그것이 앞으로 창출해 낼 수 있는 수익의 흐름을 현재 가치로 할인한 것이 된다. 사람들은 때로 이를 물질적·가시적인 것이냐 아니냐에 따라 유형자산, 무형자산으로 나누기도 하지만 이는 큰 의미는 없다. 문제는 수익의 흐름을 창출할 수 있느냐 그리고 그것의 현재 가치가 얼마나 되느냐 딱 두 가지뿐이다. 수익의 흐름을 창출할 수 없거나 그럴 수 있다고 해도 현재 가치로 계산이 불가능하다면 천하의 희귀한 기화요초나 보물을 가지고 있다고 해도 '자산'은 아니며, 또 그렇게만 할 수 있다면 물질이든 아니면 사실 관계든 무엇이든 아무 상관이 없다. 돈벌이 경제의 침윤이 지속된 지난 몇 백년간, 그래서 인간들은 인간 세상의 만물 만사를 모두 이 '자산'이라는 관점에서 바라보고 그 가치를 평가하는 기술을 획기적으로 발전시켰다. 그리고 그러한 만사 만물을 제대로 '관리'한다는 것은 곧 그 자산으로서의 가치를 극대화하는 것이라는 원리 또한 발전시켰고, 그에 입각하여 만사 만물을 새롭게 '훈육'하게 되었다.[48]

현재의 상태는 단지 "만물 만사가 상품이 되다니"라는 해묵은 낭만주의적 한탄의 정도를 훨씬 넘어서서 개인들이 스스로 자발적으로 자신을 '자산'으로 보고 자신의 삶의 목표를 그 가치의 제고(提高)라고 보는 상황에 이르렀다. 내가 몇 년 전에 한 칼럼에서 썼던 이야기지만,[49] 곳곳에서 벌어지고 있는 성형수술의 상당 부분은 기업의 구조조정과 일치하는 행위다. 양쪽 다 '갈질'이니 비유적인 말장난으로 이렇게 말하는 것이 아니다. 본질적으로 정확하게 동일한 행태라는 뜻으로 하는 말이다. 사람이 성형수술을 하는 동기는 여러 가지가 있을 것이며 거기에 대해서 내 주관적인 가치 판단을 늘어놓을 생각은 추호도 없다. 하지만 최소한 상당히 많은 경우, 자신의 외모가 취업, 결혼, 인간관계 등등의 상황에서 수익의 흐름을 창출하는 데 걸림돌이 되고 그 결과 자신의 '자산'으로서의 현재 가치를 떨어뜨리지 않는가라는 걱정에서 이루어지고 있다는 것도 분명한 일이다. 그래서 "분연히 무기를 들어서 끝장을 보자" 운운의 햄릿의 독백마냥, 자신

---

48 미셸 푸코는 이것을 신자유주의 시대의 '생정치(biopolitics)'의 중요한 원리라고 보고 있다. 이것이 만사 만물을 제대로 '다스리는 것'(governmentality)의 핵심 원리가 된 것이 신자유주의 사상이라는 것이다. 이에 대해서는 Michel Foucault, *The Birth of Biopolitics: Lectures at the College de France 1978-1979* (London: Palgrave, 2004)를 참조.

49 「한겨레21」, 2007. 12. 14. "성형수술의 경제학"

의 몸과 얼굴에 칼질을 하고 거기에 각종 이물질을 채워 넣게 된다. 기업의 '자산' 가치를 평가하는 주가가 곤두박질을 친 경우에도 동일한 일이 벌어진다. 기업은 자신의 몸체를 이루는 조직 구조에 과감한 칼질―구조조정―을 행하여 수천 명의 노동자들을 해고해 버리고, 그 자리에 기업 가치 제고라는 목적에서 별로 조화되기 힘들어 보이는 여러 사업들을 섞어 넣게 된다.

이렇게까지 극명한 경우가 아니라고 해도 우리들이 일상 속에서 가장 많은 정신적·육체적 에너지와 시간을 쏟고 있는 일이 무엇인가를 생각해보라. 요즘 쓰는 한국식 영어로 '스펙' 관리가 아닌가. 오늘날은 사람이 태어나면 최소한 30년 동안은 오로지 이 '스펙' 관리 하나만을 가지고 자신의 육체적·정신적 존재를 길들이고 '훈육'하는 것이 마땅히 인간이 나아갈 올바른 큰 길(大道)로 여겨지고 있지 않은가. 앞에서 잠깐 말한 것처럼, 그렇게 최대한 불린 '자산' 가치를 취직과 결혼 등으로 '실현'하고 나면 그 다음에는 새로이 태어난 아이들을 그 과정에 넣어 훈육하는 역할로 나머지 삶이 채워지지 않는가.

그렇다면 여기서 잠깐 생각과 글을 멈추고 정말로 진지하게 내 가슴에 그리고 거기에 깃든 영혼을 향해서 물어볼 필요가 있다. 이것이 정말로 내가 원하는 '좋은 삶'인가? 나는 정말로 '자산'으로 태어났으며, 그것으로서의 '가치'를 불리고 또 불리는 것이 정말로 내가 이 녹색별 지구에 태어난 이유와 목적인 것인가? 그 와중에 정작 내가 살고자 하는 삶, 기쁨과 설렘과 결단과 슬픔과 분노와 반성과 정열과 고통과 극복 등등으로 이루어질 진정한 살림/살이를 꾸려갈 시간과 정력과 기회는 완전히 날려 먹고 있는 것이 아닐까?

삶 자체의 발전

이제 살림/살이의 원리가 단순한 기술적 해결책 차원의 원리가 아니라 인생의 아주 깊고 근원적인 문제들에 대한 고민과 판단에 맞닿아 있는 문제라는 점을 이해할 수 있을 것이다. 그리고 살림/살이의 원리에 따라 삶을 조직한다는 것이 단순히 금융 설계사를 찾아가서 포트폴리오를 짠다든가 '가난한 리처드' 같은 '다이어리'에 따라 생활을 설계하고 그 경구들을 외우는 따위의 차원을 넘어서는 문제임을 이해할 수 있을 것이다. 살림/살이 경제의 원리는 2장에서 보았던 획재술(chremaistike)의 원리처럼 이런저런 '기술' 차원의 문제가 아니다. 제대로 된 살림/살이 경제를 꾸린다고 하는 것은 자신의 삶과 존재 자체를 변형시켜 나간다는 것을 뜻한다.

이때 변형이란 자신의 존재에 내재하고 있는 육체적·감정적·정신적 가능성을 극대로 '발전(entwicklung)'시킨다는[50] 것을 뜻한다. 즉, 살림/살이 경제에 있어서 비판이 아닌 적극적(positive)인 조직 원리의 차원에서 첫 번째로 꼽아야 할 개념은 '인간 존재의 전면적 발전'이라는 것이다.

이 책에서 내가 살림/살이 경제학이라는 이름으로 전개한 관점과 비슷한 주장들이 지금까지 없었던 것이 아니었다. 20세기 후반의 과도한 소비사회의 문제를 제기한 이들, 그리고 이와 관련하여 생태 문제에 관심을 갖고 녹색운동을 전개해 왔던 이들, 그밖에 다양한 흐름에서 과도한 돈벌이 경제의 관점이 인간 존재의 도덕적·정신적 존엄을 해치고 자연과 생태를 파괴하며 나아가 사회의 조직까지 병들게 하고 있다는 주장들을 꾸준히 전개하였다. 그리고 이 책을 지금까지 읽은 분들 중에는 나 또한 그러한 주장의 '아류'를 또 한번 내놓고 있는 것이 아닌가 하는 느낌을 가진 이들도 있을 것이다. 이러한 흐름의 주장들에 대해서 보통 다음과 같은 비판이 나왔다. 첫째, 이것이 기껏해야 도덕적·정신적 가치의

---

50 여기에서 굳이 development라는 단어 대신 독일어 단어를 쓰는 이유는, '인간 존재의 전면적 발전'이라는 이상을 가장 근본적으로 또 체계적으로 제시했던 것이 독일 관념론의 전통이기 때문이다.

소중함을 강조하면서 돈벌이 경제의 문제점을 지적하는 '비판 이론'에 불과할 뿐이 아니냐는 것이다. 이러한 비판은 분명히 중요하다. 사실 경제라는 문제는 어떻게 정의하든, 결국 내일 아침 밥상을 차릴 수 있는가, 우리 가족이 길바닥에 나앉지 않도록 거처를 보장할 수 있는가라는, 실로 '오래된 잡지의 표지만큼이나 통속한' 문제이기도 하다. 돈벌이로 획일화된 우리 삶에 대한 여러 지적들이 모두 옳고 고상하고 중요한 이야기라고 하더라도, 돈이 없이는 살 수가 없도록 만들어진 현실 세상에서 그런 이야기로 "무얼 어쩌라는 것이냐"는 아주 현실적이고도 뼈아픈 지적인 것이다.

이러한 비판이 들어오게 되면 많은 이들은 생활 차원에서의 '대안에 대한 제시'로서, 욕망을 줄이고 통제할 것을 원칙으로 내놓는 경우도 있었다. 하지만 이는 좀 더 거센 비판에 부닥치게 된다. 그렇게 욕망을 제한하고 적은 소비로 살아가는 삶이 '좋은 삶'이라는 근거는 또 어디에 있는가?

인생을 '자산'으로 보고 한없이 돈벌이 경제에 탐닉하는 것도 분명히 내가 이 세상에 태어난 이유는 아니겠지만, 그렇다고 해서 돈벌이 경제의 그물망을 피하기 위해 계속 욕망을 줄여나가는 것이 과연 내가 태어난 이유요, 내 인생의 목적이 된단 말인가? 이보다는 아무래도 '인간은 한없이 팽창하는 욕망 덩어리요, 그것을 조금씩 계속해서 충족시키는 것을 보장하는 것이 행복(felicity)'이라는 토머스 홉스(Thomas Hobbes)의 말이 훨씬 더 매력 있게 들리는 것이 사실이 아닌가?

내가 보기에 살림/살이 경제(학)에 있어서 가장 핵심이 되는 원리는 '인간 존재의 전면적 발전'이다. 이는 단지 돈벌이 경제가 지배하는 현실에 대한 케케묵은 도덕적 '비판'의 차원에 머무는 부정적인 원리도 아니며, 또 '욕망에 대한 부정'이라는 소극적 원리도 아니다. 이는 사람을 쾌락과 고통의 계산기이자 선택자로 상정하는 돈벌이 경제의 인간관─몸뚱이가 붙어 있다는 것 말고는 사실상 고스톱 게임 프로그램과 똑같은 존재로 보는 사고방식─과 단절한다. 대신 스스로의 존재 안에서 스스로의 삶의 의미와 활동의 목적과 가치를 찾아내고 그것을 실현시키기 위해서 끊임없이 활동하는 능동적인 존재, 즉 삶의 주체로서의 인간을 상정하고 있다. 따라서 그 (녀)에게 있어서 경제의 문제, 즉 살림/살이의 문제는 '어떻게 수단을 확보할 것인가'의 문제가 아니라 자신의 삶을 어떻게 바꾸고 그 속에서 자신의 존재를 어떻게 더 확장하고 발전시킬 것인가가 된다.

◎ 인간 능력으로서의 부(富)

이러한 관점에 서게 되었을 때 가장 먼저 새롭게 정의되어야 할 개념은 바로 부(富: wealth)라는 개념이다. 우리는 지금까지 '부'란 일정하게 집적되어 있는 유형 무형의 수단으로, 즉 나의 존재의 바깥에 잔뜩 쌓여 있는 무엇인가로 생각해왔다. 하지만 위에서 말한 '인간 발전의 원리'라는 관점에 서게 되면 진정한 부는 인간의 여러 가지 잠재적 능력이 어느만큼이나 풍부히 개발되어 있는가로 다시 정의되게 된다. 즉, '부'란 모종의 객체가 아니라 나의 존재 안에 내재한 나의 일부분인 것이다.

비록 3장에서 지독하게 비판적인 평가를 내리기는 했지만, 이렇게 살림/살이 경제의 관점에 서게 되면 '부'라는 것이 정반대의 방향에서 정의된다는 것을 처음으로 명료하게 깨달은 사람은 적어도 내가 알기로는 칼 마르크스였다.[51] 그의 『강요』에 나오는 다음의 구절을 보라.

---

51 마르크스는 『잉여가치학설사』 3권에서 갈리아니(Galiani)의 "진정한 부는 …… 인간이다"라는 구절을 인용하면서 이 사상이야말로 노동계급이 지향해야 할 최고의 이상이라고 격찬하고 있다.

> 사실상 부란 제한적인 부르주아적 형상을 벗겨 버리고
> 나면, 전면적인 교환을 통해 창출되는 개인들의 필요욕
> 구와 잠재적 재능, 오락, 생산력 등등, 이러한 것들이
> 가지는 보편성 이외의 또 무엇이겠는가?[52]

즉, 진정한 부의 증대란 "인간의 창조적 잠재력을 무제한 적으로 끌어올리는 일"이며 "인간 능력 그 자체를 목적으로서 계발시키는 일"이라는 것이다.[53] 이러한 마르크스의 사유에는 부 개념에 대한 중대한 혁신이 잠재되어 있다. 진정한 의미에서의 부는 경제 활동을 행하는 인간 주체들이 그 활동을 통하여 자신의 일신에 익혀 가지고 있는 다양한 지적·육체적 능력과 그를 통한 삶의 풍부한 영위를 부라고 보고 있다.

> 노동자들이 더 높은 만족, 심지어 문화적인 만족까지
> 누리는 것, 자신의 이익을 주장하고 옹호하는 일, 신문
> 을 정기 구독하는 일, 강의를 듣는 일, 자녀를 교육시키
> 는 일, 취미를 개발하는 일 등, 즉 그 자신을 노예와 구

---

52 Karl Marx, *Grundrisse*, *Martin Nicolaus* tr. (Hammondsworth: Penquin, 1973) 488p.

53 *ibid.*

별해 줄 문명의 혜택을 누리는 일······.[54]

여기에서 우리는 자본의 순환으로 유명한 M-C-M′이라는 도식 대신에 H-M-H′이라는 도식을 생각해 볼 수 있게 된다(H는 인간적 부). 화폐는(M) 스스로를 더 많은 양으로 증식시키기 위해 상품을 생산하여(C) 그것을 판매하여 실현시켜 화폐로 돌아오며, 그것도 더 많은 양의 화폐로(M′) 돌아오게 된다. 반면 인간은 스스로의 인간으로서의 능력과 재능과 삶을 더 풍부하게 하기 위하여 화폐를 매개물로 사용하며, 이것으로 자신을 더 풍부한 인간(H′)으로 확장한다. 전체적인 사회적 노동 분업이 화폐를 사용하는 시장경제로 조직된 상황에서 인간이 그러한 활동 속에서 화폐를 매개로 사용하는 것은 불가피한 일이라고 할 수 있을 것이다. 하지만 그 목적은 화폐의 증식이 아니라 어디까지나 자기 자신과 주변 이웃들의 삶을 더 풍요하게 만드는 것이다.

이 과정은 돈벌이의 원리로 나의 삶을 지배하도록 하는 것도 아니지만, 그렇다고 해서 욕망을 부정하거나 절제하는 것은 더더욱 아니다. 오히려 이러한 원리는 자신의 삶 속에 내재한 진정한 필요욕구(Bedürfnis, needs)를 최대한 끌어내고 확

---

54 *Grundrisse*, 287p.

장하는 과정이다. 이 필요욕구란 인간에게 생겨나는 환상이나 헛된 어리석음 등 때문에 우발적으로 생겨나는 막연한 욕망 일반을 말하는 것이 아니다. 이 말은 '필요'로도 '욕망'으로도 번역할 수 있는 말로서, 나의 존재에 있어서 필수적으로 요청되기에 얻고자 하지 않을 수 없는 상태를 말한다.[55] 이렇게 나의 존재 안에 내재된 정신적·감정적·신체적 잠재력을 충분히 발전 전개시키고 그를 통해 나의 삶을 충만하게 피어나게 하는 것이 부이며, 그렇게 하여 진정 나의 존재에 필요한 여러 가지 필요욕구를 최대한으로 확장하고 또 충족시키는 것이 부라는 것이다.

1998년에 노벨 경제학상을 수상한 아마르티아 센(Amartya Sen)의 '인간 발전(human development)'의 개념에도 이와 동일한 생각이 표출되고 있다. 자원 배분의 불평등을 시정하는 문제를 다룬 에릭 롤스의 『정의론』을 비판하면서 센은 진정으로 평등하게 주어져야 할 것은 단지 물적 수단이나 자원이

---

[55] 1844년 젊은 마르크스가 작성한 「제임스 밀에 대한 노트」에는 이런 구절이 나온다. "내가 어떤 것을 필요로 한다는 것은 그것이 나의 존재에 있어서 필수 불가결의 것임을 말하는 논박 불능의 증거다." 아그네스 헬러(Agness Heller)는 『강요』에 나타난 마르크스의 필요구 개념에 착목하여 이를 '근본적 필요욕구(radical needs)' 라는 개념으로 발전시켰다. (『마르크스에 있어서 필요의 이론』, 강정인 옮김, 인간사랑.)

아니라 누구에게나 똑같이 내재하고 있는 삶의 잠재 능력(capability)의 개발 가능성이라고 주장한다. 따라서 경제적 부나 빈곤 또한 물적 자원과 소득수준이 풍족한 혹은 결핍되어 있는 상태라고 정의해서는 안 되며, 사람들이 자신에 내재한 잠재 능력을 발전시킬 수 있는 기회가 어느 만큼 풍족한가 혹은 박탈당해 있는가로 정의해야 한다고 주장한다. 이러한 센의 사상에서는 현재 관행처럼 굳어져 있는 GDP와 같은 '부'의 측정 방식을 근본적으로 대체할 수 있는 새로운 측정 방식을 발전시킬 가능성이 있으며 또 많은 이들이 여기에 착목하고 있다. 중요한 것은 어느 나라에서 창출된 화폐 소득의 총량이 아니라, 그 나라 사람들이 잠재 능력을 개발할 수 있는 환경과 제도와 제반 상황이 어느 만큼 개선되었는가를 포괄적으로 살피는 지표를 개발할 수 있다는 것이다.[56]

이렇게 추상적인 이야기만 하지 말고 우리들의 삶의 문제로 와 보자. 내가 알고 있는 한 친구는 상당 기간 돈을 모아서 주어캄프 출판사에서 나온 20권으로 된 독일어 헤겔 전집을 구입하였다. 그 친구는 철학과 학생도 아니었고 독일어 관련 일을 하는 친구도 아니었지만 교양과 학식이 출중하여 그 책

---

[56] 센의 경제 사상에 대한 간명하고 좋은 입문서로는 『센코노믹스: 인간의 행복에 말을 거는 경제학』(원용찬 옮김, 갈라파고스, 2008)이 있다.

을 두고두고 읽으면서 많은 깨달음과 즐거움을 얻고 있는 것이 내 눈에는 분명해 보였다. 어느 날 그 친구가 이번에는 펠릭스마이너판 헤겔 전집을 구입했다고 하면서 내게 그 20권짜리 독일어 헤겔 전집을 선물하였다. 하지만 친구의 손때와 연필 노트가 빼곡히 적힌 그 20권은 독일어 실력도 철학적 사유 능력도 형편없는 나의 손에서 별로 펼쳐지는 일이 없는 벽돌 덩어리의 신세가 되고 말았다. 어머니도 못난 아들의 행태를 간파하고, 내가 몇 년 한국을 비운 사이에 그 20권을 헌책방에 가져다가 팔아 버리셨다. 슬픈 일이다. 여기에서 객관적인 물적 대상은 20권짜리 헤겔 전집으로 똑같다. 하지만 누구에게는 다른 곳에서 얻기 힘든 지혜와 지적 즐거움을 가져다 주는 화수분이었지만, 다른 이에게는 자리만 차지하는 흉물스러운 벽돌이었다. 여기에서 차이는 그 두 사람의 외국어 실력 그리고 철학적 사유 능력이라는 '인간 잠재력'이 어느 만큼이나 개발되어 있는가이다.

이 예를 확장해 보자. 철학, 음악, 문학, 미술, 영화 등에 고루고루 잠재적 능력이 개발되어 있는 이들은 여가가 주어졌을 때 큰돈 안 쓰고 얼마든지 재미있게 놀 수 있다. 만 원짜리 하나 들고 헌책방에 다녀오면 하루 이틀은 다른 짓 안 해도 즐거우며, 요즘은 훌륭한 그림과 유물을 전시한 박물관 미술관 티켓도 몇 푼 하지 않는다. 게다가 옛날에는 원판 가게나

방송국 주변을 어슬렁거려야 겨우 구할 수 있었던 명품 음반들을 꼭 불법 복제가 아니더라도 인터넷에서 맘만 먹으면 얼마든지 구할 수 있는 세상이 되었다. 그런데 약 오르는 일이지만, 이 모든 것을 즐기려면 하나 필요한 것이 있으니, 즐기는 사람의 잠재적 능력이 얼마나 개발되어 있는가이다. 무협지 소설이나 이런저런 걸 그룹의 음악과 춤이면 모를까, 책 읽는 즐거움, 그림이나 음악을 즐기는 취미 등등은 하루아침에 개발되는 것은 아니다. 오래도록 자신의 눈과 귀와 머리를 훈련시키고 버릇을 들여야 하며 때로는 책으로 또 토론으로 공부도 해야 하는 일이다. 그런데 이런 버릇을 들이지 못하고 잠재적 역량을 개발하지 못한 사람이라면 아무리 멋진 책과 그림과 음악이 거의 공짜로 세상을 떠돈다고 해도 '눈 뜬장님'이나 마찬가지로 멍멍하게 여길 뿐이다. 잠재적 능력이 크게 개발되지 못한 이는 어쩌다가 돈이 생긴다고 해도 그것으로 구입하여 즐길 수 있는 객관적 대상의 종류는 크게 제한될 수밖에 없다. 그래서 주로 입거나 먹고 마시거나 하는 그야말로 '즉자적'인 차원 정도의 역량을 벗어나지 못한 그가 할 수 있는 일은, 먹고 마시고 입는 것들을 비싸게 만들어 먹고 마시고 입는 것뿐이다. 그래서 그는 별다른 방도가 없으므로, 어젯밤에도 친구들과 어울려 룸살롱─한국 성인 남성들의 정신과 육체와 돈지갑을 좀먹는 문화적 황폐 현상의 상징─

으로 가서 150만 원어치 양주를 '때려먹고' 왔다. 여기서 물어보자. 만 원짜리 두어 장으로 헌책방과 조촐한 맛집 투어로 하룻밤을 즐긴 이와, 150만 원으로 룸살롱에서 술 때려먹고 다음날 황폐화된 몸과 마음과 돈지갑을 부여안고 쓰라린 속을 달래는 이 중 누가 더 부유하고 풍족한 상태에 있는가?

결국 관건이 되는 것은 객체적인 물적 수단의 양과 질이 아니라, 인간 주체의 역량과 잠재력이 어느 만큼이나 개발되어 있는가이다. 베토벤이 젊었을 때 쓴 글에 보면 속물적인 동생들에게 보내는 충고로서 이런 말이 있다. "고결한 심성을 기르도록 하여라. 고결함은 돈이 되지는 않지만 인생을 비참으로부터 구원해 준단다." 이 말을 살짝 바꾸면 이렇다. 아이들에게 이렇게 말해 줄 수 있을 것이다. "자신의 정신적·육체적·감성적 잠재력을 최대한 개발하도록 하라. 꼭 돈이 되는 것은 아닐지라도, 그런 것들은 너 자신의 인생을 풍요롭게 하고 어떤 종류의 빈곤과 비참에서도 너를 위로하고 구출해 줄 수 있다"라고.[57]

---

[57] 여기서 혼동을 피하기 위해 덧붙이자면, 이는 이른바 '문화적 자본의 축적'과는 아무 상관도 없는 이야기다. 내가 말하는 것은 남들이 무어라고 하든 말든 자신이 즐거움을 얻고 그야말로 자신이 '풍요'해지기 위한 이야기지만, '문화적 자본의 축적'은 남들에 대한 차등적인 우위를 점하기 위한 것이 되므로 오히려 기묘한 형태로 돈벌이 경제의 논리가 확장된 것에

'욕망의 포트폴리오'

강연을 다니면서 이 살림/살이 경제(학)에 대해서 이야기하다 보면, 강연을 듣는 이들이 내 이야기를 도덕적 이상주의에 근거한 화폐 경제 비판 그리고 금욕주의와 닿아 있는 소비 욕망에 대한 일방적 비판 등과 혼동하고 있는 경우를 많이 본다. 그리고 이 살림/살이 경제학이 가지고 있는 적극적·긍정적 측면, 즉 개인과 사회의 여러 측면에서의 경제 생활을 새롭게 조직할 수 있는 적극적 조직 원리로서의 측면을

더 가까울 수도 있는 일이다. 순전히 남들에게 한바탕 말발을 세워 보려는 목적에서 유명 감독의 필모그래피, 서양 미술사의 여러 고유 명사들, 바흐와 베토벤 작품 번호 등등을 줄줄이 외우고 다니는 이들은 인간 역량의 개발로 부유해진 이들이라고 할 수 없으며, 그런 지식의 쓸모는 퀴즈 대회가 고작일 것이다. 역량 개발이 꼭 고전 미술이나 문학 등과 같이 이른바 '고상한' 것일 이유도 없다. 내 친구 하나는 옛날 '뽕짝' 마니아인데, 그가 노래 따라 세월 따라 엮어 내는 이야기를 듣다 보면 1930년대 이후의 한국 사회사에 대해서도 실로 재미나고 깊은 지식을 얻게 된다. 이 원칙을 적용해서 성찰해 보아야 할 문제는 무척 많겠지만, 도시 계획의 예를 빼놓을 수 없다. 기가 질릴 만큼 압도적인 마천루와 휘황찬란한 조명과 각종 장치들 그리고 쾌적하고 세련된 빌딩으로 꽉 들어찬 도시가 부유한 도시인가? 아니면 그런 것이 하나도 없고 낡고 남루한 모습을 하고 있다고 해도, 그 안에 살고 있는 사람이 문화적·정신적·육체적으로 다양한 자극을 제공받고 갈수록 더 많은 교육과 기회에 노출될 수 있도록 하는 곳이 부유한 도시인가? 이는 집안의 인테리어와 장식에도 똑같이 적용될 문제다.

간과하는 경우도 많았다. 그래서 그렇지 않다는 점, 살림/살이 경제(학)은 당장 오늘부터 나의 삶을 진정한 풍요로 이끌 수 있는 지혜를 내포하고 있다는 것을 전달하기 위해서, 앞에서 전개한 '인간 발전으로서의 풍요' 개념을 발전시켜 궁여지책으로 만들어 낸 말이 있다. '욕망의 포트폴리오'가 그것이다.

잘 알려져 있듯이, 포트폴리오라는 말은 자산의 선택과 분배를 뜻하는 돈벌이 경제학의 용어다. 계란 10개를 모두 한 바구니에 담아 두었다가는 위험하니까 가급적 리스크를 분산하여 여러 개의 바구니에 담아 두도록 하는 지혜를 이용하여, 자신이 가지고 있는 돈을 여러 가지의 자산 형태로 분산해 두는 것이다. 이때 각각의 자산이 가지고 있는 수익률과 리스크를 고려하여 최대한 그 두 가지가 고르게 분산되도록 한다는 것이다. 비유를 들어 표현한 것이지만, 이와 마찬가지로 우리는 우리가 길들여져 있는 이런 저런 욕망의 종류들을 하나하나 꺼내어 보고 이를 적극적으로 다시 구조조정을 행하는 '욕망의 포트폴리오'를 할 필요가 있다. 이것이 정말로 '부유해지는' 훨씬 빠르고 틀림없는 길이기 때문이다.

'욕망의 포트폴리오'의 고전적인 사례가 있다. 알렉산더 대왕이다. 『플루타르크 영웅전』의 한 구절을 좀 길게 인용해 보겠다.

다리우스의 왕비는 당시 살아 있는 가장 아름다운 공주라고 알려져 있었고 …… 그 딸들도 부모에 떨어지지 않는 미모를 가지고 있었다. 하지만 알렉산더는 그의 적들을 정복하는 것보다는 자신을 다스리는 것이 더 왕다운 일이라고 생각하여 그 여인들 누구도 가까이 하지 않았다. …… 또 눈에 띄게 얼굴이 아름답고 몸매가 균형 잡힌 다른 여자 포로들이 그 앞에 바쳐졌을 때에도 그는 농 소리 삼아 페르시아 여인들은 지독하게 눈을 아프게 한다고 말하고는 더 쳐다보지도 않았다. 그러고는 마치 그녀들에게 보복이라도 하듯이 자신의 절제미를 과시하여 그녀들을 무슨 생명 없는 그림인 것처럼 앞에서 치우라고 명령하였다. 해안에 주둔하던 그의 부관 필록세누스가 편지를 보내어 두 명의 뛰어난 미소년을 사지 않겠느냐고 묻자 알렉산더는 심하게 기분이 상하였고 종종 친구들에게 도대체 필록세누스는 자신을 얼마나 천한 인간으로 보았기에 감히 그런 수치스러운 제안을 했던 것일까라고 투덜거렸다. …… 그는 입버릇처럼 이렇게 말했다. 잠을 자는 일과 생식 행위는 자신도 신이 아니라 언젠가는 죽어야 할 인간이라는 점을 일깨워 준다고. 또 권태와 쾌락은 모두 인간 본성에 내재한 연약함과 우둔함에서 생겨나는 똑같은 것이라고.

알렉산더는 음식에 있어서도 대단히 절제된 태도를 지켰다. 이를 보여주는 정황은 많이 있지만 그가 아다(Ada)―알렉산더는 자신을 어머니로 삼아서 그녀를 입양했으며 나중에 카리아(Caria)의 여왕으로 만들어 준다.―에게 직접 말한 것만으로도 이를 알 수 있다. 아다는 여왕이 되고 난 뒤 알렉산더에게 호의로서 매일같이 수많은 진귀한 음식들과 맛있는 고기를 보냈을 뿐만 아니라 뛰어난 솜씨를 가진 요리사들과 빵 굽는 장인들까지 보내 주었다. 하지만 알렉산더는 그녀에게 자신이 그 어떤 것도 원하지 않는다고 말했다. 왜냐면 그의 훈련 교사였던 레오니다스가 이미 그에게 최고의 요리사를 붙여 주었기 때문이라는 것이었다. 그 요리사란, 밤새 행군을 하여 배고픈 상태에서 아침을 먹을 것이며 또 아침을 가볍게 들어서 점심밥을 기다리게끔 만들라는 것이었다고 한다. 또 레오니다스는 알렉산더의 방과 옷장을 이따금씩 뒤져서 그의 어머니가 혹시라도 맛있는 음식을 쓸데없이 남겨두지 않았는가를 확인하기도 했다. 흔히 알려져 있는 바와 달리, 그는 술에 그렇게 탐닉하지도 않았다. …… 그의 식습관이 이렇게 심히 절제되어 있었기에 진귀한 생선이나 과일이 진상되었을 때에도 이를 친구들에게 나누어주어 버려 결국 자기 몫은 전혀 남아 있지 않을 때도 종종 있었다.

여기까지만 본다면 알렉산더라는 인물이 그저 지독하게 욕망을 절제할 줄 알았던 사람일 뿐이지 '부유'했던 사람이라는 점은 실감이 나지 않을지 모른다. 그래서 알렉산더와는 아무 상관도 없지만, 인도에서 내려오는 설화 하나를 이야기해 보겠다.

옛날에 수행에 큰 관심을 가진 왕이 있었다. 그는 명상과 고행으로 도의 깊은 경지에 오른 수행자들을 보면 궁전으로 모셔서 귀하게 대접하는 것을 낙으로 삼고 있었다. 하루는 길가의 나무 아래에서 그렇게 보이는 수행자 한 사람을 만나서 그를 정중하게 궁전으로 초대하였다.
수행자의 행태는 참으로 뜻밖이었다. 초대에 대뜸 응했을 뿐만 아니라 궁전으로 들어간 뒤에는 수행은 뒷전이고 산해진미 요리와 각종 화려한 궁정 생활을 왕보다 더 신나게 즐기면서 살아갔던 것이다. 날이 갈수록 왕은 속았다는 생각에 슬며시 화가 나기 시작했고, 어느 날 그 수행자에게 이렇게 쏘아붙였다.
"도대체 당신하고 나하고 다른 게 뭡니까?"

그러자 수행자는 이렇게 대답했다. "내 가르쳐 드리리다. 내가 따라오라는 대로 따라오시오."
두 사람은 길고 긴 길을 함께 걸어서 마침내 그 나라의 국경선에 도달하였다. 수행자는 가뿐하게 국경을 넘어서 왕에게 따라오라고 했다. 왕은 그렇게 할 수가 없었다. 그러자 수행자가 이렇게 말했다. "이게 당신과 내가 다른 점입니다."
수행자가 가지고 있는 것은 '자유'였다. 고행이면 고행, 사치면 사치, 바람처럼 물처럼 그를 막을 수 있는 것은 아무것도 없었고 그의 행동에는 막힘이 없었다. 하지만 왕은 그 '자유'가 없었다. 그를 왕으로 만들어주는 정해진 공간은 그가 한 발짝도 벗어날 수 없는 감옥이기도 했다. 수행자는 한 달간 머물면서 이를 일깨워 준 것이다.

알렉산더는 바로 이 '자유'를 가지고 있었다. 왕궁의 호화로운 생활에 찌든 보통 왕이었다면 몇 년 동안 말 잔등과 막사에서 되는 대로 먹으며 목숨을 던져야 하는 전사로서의 정복 여정은 꿈도 꿀 수 없었을 것이다. 하지만 알렉산더는 그렇지 않았다. 그의 가슴을 뛰게 했던 삶의 꿈은 "눈에 보이는 모든 땅을 정복하겠다"는 것이었고, 그는 어렸을 때부터 이러한 자신의 삶의 계획에 필요한 욕망과 필요하지 않거나 장애가 되는 욕망들을 세심하게 골라내어 자신을 위대한 인물로 만들었다. 그 결과 그는 마케도니아를 떠난 뒤 7년이나 되는 시기 동안 한 번도 고향으로 돌아가지 않고 끝없는 정복 전쟁의 여정을 계속할 수 있었다. 오히려 이를 견딜 수 없었던 것은 부하 장병들이었다. 그래서 이들의 반항에 밀려 어쩔 수 없이 인도에서 회군할 수밖에 없었지만, 그때까지 알렉산더는 호화로운 사치에 길들여진 예사 왕들은 꿈도 꿀 수 없는 엄청난 자유를 누릴 수 있었다. 하필 그의 꿈이었던 '세계 정복'이라는 이상을 미화하거나 정당화할 생각은 추호도 없지만, 적어도 알렉산더가 지금까지 이 세상을 살았던 가장 자유로운 왕의 하나였음은 틀림없는 일이라 하겠다.

앞에서 이야기했던 '좋은 삶'을 다시 떠올려 보라. 과연 나는 내가 생각하는 '좋은 삶'을 자각하고 그 삶을 구현하는 데 도움이 되는 욕망과 그렇지 않은 욕망을 골라서 능동적으로 나의 '욕망의 바구니' 즉 '욕망의 포트폴리오'를 구축하여 왔는가? 그리고 내 몸과 마음에 길들여져 있는 욕망을 뿌리째 뽑아내고 비록 지금은 아니어도 내가 언젠가 갖고 싶고 또 가져야 할 욕망으로 내 몸과 마음을 길들이기 위해 노력하며 살고 있는가? 나라는 사람은 어쩌면 내가 가진 욕망의 묶음으로 정의할 수 있을 것이다. 나는 내 욕망의 묶음을 그러한 의식

속에서 세심하게 선택하여 능동적으로 만들어 왔는가?

그렇지 않다면 지금부터라도 당장 시작할 일이다. 특히 이는 나이가 많을수록 힘든 일이니, 아직 나이가 한 살이라도 더 적은 이라면, '연금에 가입하여 복리의 마술을 노리는' 것보다는 먼저 이 '욕망의 포트폴리오'에 우선 착수해야 할 것이며 어린아이를 키우는 부모들의 경제 교육에 있어서는 가장 절실한 일일 것이다. 이 '욕망의 포트폴리오'가 금융 자산 포트폴리오와 크게 다른 점이 하나 있다. 현대인들은 금융 설계사 등의 직종을 두어 누구나 가장 합리적인 자산 포트폴리오를 할 수 있는 '해답'을 주는 장치를 마련하였다. 하지만 사람마다 '좋은 삶'이라는 것은 모두 다르게 되어 있으니 어떤 욕망을 어떻게 고르고 취하고 관리할지는 오롯이 자신이 해나가야 한다. 이는 그야말로 인간의 '자유'에 관련된 문제이므로 다른 누구도 어떻게 할 수가 없는 문제다. 하지만 대부분의 경우—아니 어쩌면 모든 경우—에 도움이 될 만한 조언 하나만 더 써둔다면, '삶을 고비용 구조로 만들지 말라'는 것을 기억할 필요가 있다.

사랑에 빠진 젊은이들이 있다면, 그 감정을 표현하기 위해서 명품 반지 등을 사용할 생각은 않는 것이 좋다. 사랑을 전달하기 위해 인류가 몇 천년간 사용해 온 방법은 마음에 담은 시 구절과 진실한 문장으로 편지 한 장을 쓰는 방법에서

부터, 비오는 날 창밖에 서서 세레나데를 불러 젖히는 방법까지 실로 무수히 다양하다. 각각의 경우와 상황에 따라 적절한 방법을 찾아내는 것은 물론 사활이 걸린 문제이겠지만, 이를 손쉽게 명품 반지로 고정시키고서 그 돈을 조달하기 위해 몇 달간 알바를 뛰는 일은 다시 생각해 볼 필요가 있다. 이런 경우라면 그(녀)의 마음속에 사랑과 인간관계 맺음 일반이 관련된 욕망의 구조가 대단히 고비용 구조로 만들어져 있음은 분명하다. 연애편지를 쓰는 데는 쓰는 사람의 영혼과 심장을 그대로 뜯어내어 보일 용기와 진실함이 필요할 뿐 종이값 봉투값은 크게 들지 않는다. 창밖 세레나데 세러머니 또한 쪽팔림을 무릅쓸 배짱과 다릿심이 필요할 뿐 기타가 명품일 필요는 전혀 없다. 진정 사랑한다면 자판기 커피를 들고 계단에 앉아 이야기를 나누어도 가슴의 두근거림은 동일하다. 물론 '고비용 구조'를 선택하는 것도 '제멋이니까' 내가 무어라 할 일이 전혀 아니지만, 모든 '고비용 구조'에 따르는 대가 하나는 기억할 필요가 있다. 그것은 인생에 있어서 진정으로 희소한 거의 유일의 물건, 즉 시간이다. 많이 벌어 많이 쓰는 삶이 '좋은 삶'이요 그렇게 사는 사람이 '행복한 사람'이라는 것이 세간에 횡행하는 가치관이지만, 일단 욕망의 포트폴리오가 이러한 '고비용 구조'에 갇히게 되면 그는 벌고 쓰는 데 인생의 너무나 많은 시간과 정력을 쏟아

붓게 되어 있다.

　이 대목에서 많은 이들이 이렇게 투덜거리는 것을 들었다. 이게 결국은 도 닦으라는 이야기랑 무엇이 다른가. 자신의 욕망의 구조를 찬찬히 성찰하여 그것을 적극적으로 구조조정하라니, 알렉산더든 누구든 결국 범인(凡人)으로서는 도달하기 힘든 경지가 아닌가. 길들여진 욕망을 뜯어내고 새롭고 낯선 욕망을 억지로 익히고 자신을 길들이라니, 이건 계룡산 자락에서나 가능한 일이 아닌가. 향기롭고 좋은 이야기인 줄은 알겠지만, 아무래도 이것은 가능한 일일 것 같지가 않다.

　그러면 다음의 점도 생각해보자. 첫째, 돈벌이는 쉬운가? 포트폴리오고 자시고 할 돈을 마련하는 일은 과연 '도 닦는 것'보다 쉽던가? 한때 유행했던 소위 '10억 만들기'의 매뉴얼을 돌이켜 보라. 매달 몇 백만 원씩 꼬박꼬박 거르지 않고 저축을 계속하는 가운데 그 와중에서 온갖 스트레스와 악다구니를 겪어 내며 삶에 찌들면서 얼굴의 주름살과 성인병을 얻는 일을 30년간 버텨 내는 것은 과연 계룡산 자락에서 쌀과 소금으로 버티며 정신집중에 몰두하는 것보다 쉬운 일인가? 앞에서 나는 살림/살이 경제(학)이 인간 주체의 변화와 발전을 전제로 하는 적극적이고도 근본적인 것이라고 이야기했지만, 조금 생각해 보면 돈벌이 경제에서의 돈을 버는 삶이라는 것도 은행이나 증권사의 멋진 광고와는 달리 전혀 쾌적하거나 쉬운 것이 아니며, 이 또한 인간 주체의 극심한 변화와 운동을 전제로 했을 때에만 벌어지는 일이기는 매한가지다.

반대로 이 '욕망의 포트폴리오'에는 자산의 포트폴리오에는 없는 장점이 있다. 첫째, 내 뜻으로 통제할 수 없는 위험 요소가 전혀 없다. '욕망의 포트폴리오'는 비록 힘은 들지만 철저하게 내 뜻과 정성만 기울이면 100% 뜻을 이룰 수가 있다. 내 마음과 몸과 정신의 문제, 즉 나와 나 사이의 문제이기 때문이다. 하지만 돈벌이나 자산의 포트폴리오는 그렇지 않다. 시장경제는 본래 변화무쌍을 그 본질로 삼는 것이기에, 제아무리 날고 기는 경제 분석가라고 해도 목표한 수익률을 그대로 뜻대로 실현할 수 있는 사람은 아무도 없다. 결국 돈벌이의 모든 과정도 궁극적인 요소는 사람 스스로의 굳은 의지와 결단 그리고 실행력이라는 점에서는 아무런 차이가 없다. 차이가 있다면, 전자는 나 자신과의 문제이므로 통제 못할 위험 요소는 아무 것도 없다는 점이며 후자는 그렇지 않다는 것뿐이다. 둘째, '욕망의 포트폴리오'라는 과정 자체가 바로 사람이 태어나서 죽을 때까지 해야 할 가장 중요한 일과 긴밀하게 결합되어 있다는 점이다. 성공한 이든 실패한 이든 거의 비슷하게 말하고 있는 점으로서, 돈벌이 경제에서의 성공(혹은 실패)은 그 자체로 이러한 삶의 근본적인 문제를 풀어주지는 않는다. 따라서 내 삶의 목적은 무엇이고 내가 어떤 삶을 살아야 하는가의 문제는 별도의 시간과 노력을 내어 따로 고민하고 풀어야 하는 문제로 남게 된다. 그러면 맘 편하게 노는 일은 언제 한다는 말인가? 인간 삶에서 궁극적으로 희소한 자원이 시간이라는 점을 고려할 때, 이 두 번째의 삶의 방식은 그야말로 '비경제적'인 것이라 아니할 수 없다.

맺으며

먼저 좀 길지만 어느 저명한 경제 사상가의 글을 함께 읽어 보자.

19세기의 세계는 한마디로 '금융적 결과'라 할 기준을 터무니없이 마구 만사에 적용하여 개인이 후원하는 활동이든 집단적 활동이든 인간 사회의 모든 종류의 활동을 평가하는 기준으로 삼아 버렸다. 그래서 인간 생활의 모든 행위가 회계사의 악몽과 비슷한 꼴로 전락하고 말았다. 19세기 사람들은 엄청나게 증대된 물질적·기술적 자원을 활용하여 입이 벌어질 만큼 멋진 도시를 얼마든지 세울 수도 있었건만 그렇게 하지 않았고 대신 빈민촌을 세웠다. 영리적 판단 기준으로 볼 때 빈민촌을 세우는 쪽이 "이윤이 남는다"는 이유에서 그들은 그쪽이 더 정당하고 바람직한 일이라고 생각했고, 반면 그런 멋진 도시를 건설하는 일은 어리석은 사치라고 생각하였다. 금융계에 유행하는 백치 같은 전문 용어로 표현하자면, 후자는 "미래를 저당 잡혀 돈을 꾸는 짓(mortgage the future)"이라는 것이다. 하지만 현재에 위대하고 찬란한 위업을 이룬 죄로 미래가 가난해질 것이라는 게 도대체 무슨 말인가? 전혀 상관도 없는 회계학을 엉뚱하게 끌고 들어와 비유로 사용하는 못된 버릇에 단단히 길들여져 있으면 모를까, 이는 도저히 인간이 이해할 수 있는 말이 아니다. 일자리 없는 사람들과 놀고 있는 기계들을 그렇게 놀려 두느니 차라리 여러 사람들이 필요로 하는 주택을 건설하는 쪽으로 활용하게 되면 나라 전체가 훨씬 더 부유하게 될 것이라는 게 나의 주장이지만, 사람들의 사고방식이 크게 변한 오늘날에도 나는 이 너무나 자명한 사실을 우리 영국인들에게 설득하는 데 온 시간을 바치고 있으며, 그나마 그 시간의 절반은 헛수고로 끝나 버리는 실정이다. 현재 세대의 정신은 이상한 계산법에 사로잡혀 뿌옇게 흐려져 버렸고, 그래서 너무나 자명한 결론이 나와도 이를 일단 의심에 붙인 채 과연 그런 사업이 '이윤이 남을' 것인가를 놓고 재무회계 체계에 맞추어 계산기를 두드려 보지 않을 수 없게 된 것이다. 우리는 계속 가난해야 한다. 왜냐면 부자가 되는 것이 '이윤이 남지' 않으니까. 우리는 돼지우리에 살아야 한다. 궁전을 세울 능력이 없어서가 아니라 그렇게 할 '경제적 여력'이 없으니까.

이와 똑같은 자기 파멸적인 돈 계산이 사회의 모든 삶의 방식을 통치하고 있다. 우리는 농촌의 아름다움을 파괴하고 있다. 자연이 제아무리 아름다워도 누군가가 전유한 이가 없다면 경제적 가치가 발생하지 않으니까. 이러다가는 태양과 별들마저도 그것이 주식 배당금을 지불하지 않는다는 이유로 그 빛을 꺼버리려 들지 모른다. 런던은 문명의 역사에서 가장 부유한 도시의 하나지만, 그 안에 살고 있는 시민들이 얻을 수 있는 최선의 생활수준을 가져다 줄 '경제적 여력'은 없다. 왜냐면 그게 '이윤이 남지' 않으니까.

지금 나에게 그럴 수 있는 힘만 있다면, 우리 문명 세계의 모든 수도를 온갖 문명과 예술의 장치들로 가득 채우고 그 모든 도시의 시민들 한 사람 한 사람 모두가 그것을 최고 수준으로 향유할 수 있도록 만드는 작업을 아주 계획을 잘 세워서 착수할 것이다. 왜냐면 나는 내가 창조할 수 있는 것이라면 내가 그것을 향유할 여유도 있다고 믿기 때문이다. 또 돈을 그런 도시 건설에 쓰는 것이 실업수당으로 주어 버리는 것보다 훨씬 나을 뿐만 아니라 아예 실업수당이 필요하지 않게 될 것이라고 믿기 때문이다. 세계대전 이후로 영국에서 실업수당으로 써버린 돈 액수였다면 우리는 우리의 도시들을 인간이 이 세계에 이루어 놓은 가장 위대한 작품들로 만들 수 있었을 것이다.

또 다르게 설명해 보자. 우리는 최근까지도 빵 한 덩어리 값을 10분의 1페니만 싸게 할 수 있다면 땅을 경작하는 이들을 파산시키고 또 장구한 세월 동안 농촌에 전해져 내려온 인간적 전통을 마땅히 파괴하는 것이 도덕적 의무라고 생각해 왔다. 몰록과 마몬을[58] 하나로 합쳐 놓은 우상이 명령만 하면 우리는 어떤 것이든 응당 그 제단에 희생물로 바쳐야 할 의무가 있다고 생각했던 셈이다. 이 두 괴물들을 지극정성으로 모시기만 한다면 빈곤이라는 악도 정복할 수 있고 또 다음 세대는 복리 계산의 믿음직한 등에 업혀서 경제적 평화의 낙원으로 안전

---

58 몰록(moloch)은 고대 팔레스타인 지역의 우상신으로서, 주로 갓난아기를 불에 태우는 번제(燔祭)를 통해 희생을 요구하는 신으로 알려져 있다. 마몬(mammon)은 돈을 뜻하는 히브리어로서, 성경에서 돈과 재물을 신으로 모시는 탐욕의 신격화로 등장한다.

하고도 안락하게 도착할 수 있다고 믿었기 때문이다.

오늘날 우리는 이러한 환상에서 깨어나는 고통을 겪고 있다. 우리가 더욱 가난해졌기 때문이 아니다. 최소한 영국에 사는 우리는 그전 어느 때보다도 높은 생활수준을 누리고 있으니까. 그 진정한 이유는 우리의 소중한 가치들이 희생당했으며, 그것도 그럴 필요도 없이 부당하게 희생당했다고 우리가 느끼게 되었기 때문이다. 우리의 기술 진보로 경제적 부가 창출되었고 그 부로 수많은 가능성이 열렸다. 그런데 우리의 경제 체제에 가로막혀서 그 가능성이 최대한 활용되지 못했고 결국 그 가능성에 전혀 미치지 못하는 수준에 머물러 있어야 한다면, 그 여유분을 '진작 더 만족스러운 방식으로 다 써버리고 말았을 것을' 하는 감정이 자연스레 생겨나고 있는 것이다.

그런데 일단 회계사가 내놓는 이윤 계산의 기준에 반항심을 품게 되면 이는 곧 우리 문명 전체를 바꾸는 작업에 착수하게 된다는 것을 뜻한다. 따라서 우리는 이 작업을 아주 신중하고 조심스럽고 확고한 자기의식에 뿌리박은 채로 진행할 필요가 있다. 왜냐면 인간 활동의 영역 중에는 아직 그러한 통상적인 금전적 기준을 유지해야 할 영역도 많이 있기 때문이다. 그래서 금전적인 평가 기준을 바꾸어야 하는 영역은 사적 영역보다는 국가 영역 쪽이다. 재무성 장관을 마치 주식회사 대표이 사쯤으로 여기는 버릇을 버려야 한다는 것이다. 이렇게 해서 국가의 여러 기능과 행동 목적이 크게 확장된다면, 넓게 보아 무엇이 그 나라 안에서 생산되어야 하고 무엇이 외국과의 무역에 맡겨져야 하는가를 결정하는 것이 아주 중요한 정책 과제로 떠오르게 된다.

이는 어느 마르크스주의자의 글도 아니며, 급진파나 사회주의자의 글도 아니다. 이렇게 말했던 이는 스스로를 자유주의자로 여겼던 현대 경제학의 거장 존 메이너드 케인스(John Maynard Keynes)다.[59] 항간에 잘 알려지지 않은 케인스의 면목으로서, 그도 경제 생활이란 '사랑, 아름다움, 지식'을 세 가지 궁극적 목적으로 삼는 '좋은 삶'을 성취하기 위한 수단이며,[60] 돈벌이를 궁극적 목적으로 삼는 돈벌이 경제(학)의 원리가 이를 근본적으로 위협하고 있다는 것에서 1930년대 당시 지극한 혼란에 처했던 근대 문명의 문제점을 진단했던 이

---

59 John Maynard Keynes, "National Self-Sufficiency," *The Yale Review*, Vol. 22, no. 4 (June 1933).
60 이는 케인스와 블룸스베리 클럽의 친구들이 많이 토론하였던 철학자 무어(G. E. Moore)의 저작에서 얻은 영향이다.

였다. 그의 사후 몇 십년간 막강한 위력을 발휘했던 그의 경제 정책의 처방안 또한 단순히 '시장경제의 미세 조정'을 위한 기술적 매뉴얼이 아니라 이렇게 인간 세상의 살림/살이―산업과 소비의 조직에서 미학적·도덕적 가치의 실현까지 포함하는 포괄적인 의미에서―가 돈벌이 경제의 총본부라고 할 금융시장의 파괴적 작동으로 침식당하는 것을 막는 것에 근본적인 목적이 있었다.

4장에서 나는 생태 문제나 세계경제 혹은 국민경제의 차원이 아니라 개인의 삶이라는 지평에서 이야기를 풀어 보았다. 하지만 이는 이야기를 좀 더 효과적으로 와 닿게 하기 위한 방편일 뿐, 그 핵심적인 아이디어는 국민경제든 세계경제든 생태적 차원이든 어디에서나 비슷하게 전개될 수 있는 것들이라고 생각한다. 방금 본 케인스의 인용문이 그 예라고 할 것이다. 그는 '세계적 자유무역 체제냐, 일국의 자급자족을 기초로 한 세계경제 체제냐'라고 하는 거시적 문제를 논의하고 있다. 세계 대공황과 금본위제의 몰락 그리고 파시즘의 대두를 배경으로 온 세계가 일대 변화를 맞고 있었던 1930년대 상황에서 이는 대단히 절박한 시대적 문제였다. 여기에서 케인스는 문제를 풀어 나갈 핵심적인 사고의 축을, '일국 내에서 사람들의 물질적·문화적 풍요를 보장하는 살림/살이의 원리를 중심으로 삼을 것인가' 아니면 '모든 것을

'회계사들'의 기업회계 범주에 따라 바라보면서 이윤의 최대 창출을 절대선으로 삼는 돈벌이 경제의 원리를 중심으로 삼을 것인가'로 놓을 것을 주장하고 있다. 이러한 근본적 차원에서의 우리 문명의 조직 원리를 전환시키지 않는다면 어떤 해결책도 나올 수 없다는 것이 그의 생각이었다.

1장에서 잠깐 이야기한 바 있고 또 3장의 초기 사회주의자들을 논하면서도 암시한 바 있으나, 여기에서 좀 더 명시적으로 말하고자 하는 점이 있다. 이 살림/살이 경제학의 문제는 과거 지향적인 낭만적 가치를 옹호하려는 시도가 아니라, 산업 사회에서 새롭게 그리고 갈수록 절박하게 떠오르는 현재와 미래의 문제라는 것이다. 살림/살이 경제학의 문제를 제기했던 중요한 사상가인 아리스토텔레스 그리고 심지어 앞에서 길게 인용했던 케인스의 경우에도 그들 사상의 밑바닥에 전통주의적이고 귀족주의적인 가치관이 깔려 있다는 느낌을 지울 수 없다. 하지만 이 책에서 내가 주장하고자 하는 것은 '돈밖에 모르는 현대 자본주의의 천민성'을 고발하면서 그 이전에 있었는지 없었는지조차 모를 낭만적 이상향에 대한 향수를 일깨우며 '인생에 돈만 있는 것이 아니다'라는 진부한 명제를 다시 살리려는 것이 아니다. 오히려 지금 우리가 제기해야 할 살림/살이 경제(학)의 문제는, 200년 전에 본격적으로 시작된 산업 사회와 기계제 문명이라는 도전 앞에서 우리의 미래를 어떻게 열어가야 할 것인가의 문제이다.

돈벌이 경제(학)가 현대 문명의 지배적 형태 및 의식이 된 배경에도 바로 이 산업 문명이라는 시대적 배경이 깔려 있다. 전통적으로 사회를 조직하는 데 쓰고자 인류가 개발해온 각종의 사회적 기술(social technology)은 이 기계제 생산이라는 새로운 조건 아래에서 큰 힘을 발휘할 수 없었다. 파시즘 경제나 공산주의 경제와 같은 시도가 없지 않았으나, 결국 대규모의 복합적 산업 체제를 운영하고 조직하는 데 있어서 아직까지 자본시장 및 금융 체제 그리고 대기업 체제와 같은 돈벌이 경제의 체제를 능가하는 사회적 기술은 나오지 않은 상태다. 하지만 여기에서 이 돈벌이 경제 즉 만물 만사를 시장에서의 상품으로 간주하여 그것의 자유로운 교환을 통하여 가치를 부여하고 산정하여 이윤과 잉여를 계산한다는 방식 또한 이미 산업 문명 이전이었던 농경제 시대에 개발된 사회적 기술이었다는 점을 기억할 필요가 있다. '시장경제'라는 이념 또한 산업 문명을 조정한다는 새로운 시대적 요구를 충분히 받아 안을 수 있도록 고안된 사회적 기술은 아니라는 것이다. 따라서 이 돈벌이 경제의 사회적 기술이 자연스러운 조정을 이루어 내는 데 실패하는 부분에서는 어김없이 인간과 자연의 삶에 있어서 무리한 상황이 벌어지고 그러한 삶은 여러 어려움을 겪게 되는 것이다.

오늘날 우리가 살림/살이 경제학을 발전시켜야 한다는 인식에 도달하게 된 것은 바로 이러한 19세기 이래 특히 20세기 후반의 상황에서 벌어진 일이다. 이 책에서 언급한 여러 걸출한 살림/살이 경제 사상가들도 그러하였지만, 이 책을 쓰고 있는 필자나 읽고 있는 독자들이나 이 살림/살이의 문제를 이해하는 맥락 또한 이렇게 현대적이고 미래적인 차원에서의 문제이다.

여기에서 새천년 들어 10년 만에 또 한 번의 위기를 맞고 있는 현재의 지구촌의 상태를 생각해 보지 않을 수 없다. 2008년 세계적 금융 위기의 충격을 겪으면서 많은 이들이 직감으로 공유하는 심정은 '우리가 너무 심했다(We have gone too far)'라는 것이다. 지난 40년간, 케인스와 비슷한 생각에 기초하여 마련되었던 정치 경제 체제의 틀은 큰 변화를 겪고, 대신 '시장경제의 효율성과 자기 조정 능력'이라는 것을 최고의 절대적 조직 원리로 삼는 정치 경제 체제가 들어섰다. 그리고 오늘날 이제 더 이상 그 명제에 대한 절대적 신뢰는 다시 사라지는 상황이 도래하였다. 그런데 이러한 지나친 절대적인 시장에 대한 맹신은 후퇴하기 시작했지만 그 자리를 메울 수 있는 새로운 경제의 조직 원리, 하일브로너가 이야기하는 '경제학의 비전'은 아직 나타나지 않고 있다. 많은 이들이 '케인스의 부활'을 이야기하면서 국가 규제를 다시 강화할 때가 되었다는 이야기를 하고 있지만, 이것이 새로운 시대를 이끌어갈 경제의 비전이자 조직 원리라고 믿는 이는 거의 없는 것 같다.

나는 지금이야말로 지난 300년 가까이 마치 존재하지 않는 것처럼 우리의 의식과 시야에서 사라지고 억눌려 왔던 살림/살이 경제(학)에 대한 천착이 다시 살아나야 할 때라고 믿으며, 이것이야말로 지금 '비전의 위기'에 처한 인간의 경제와 경제학이 앞으로 나아가야 할 방향이라고 믿는다.[61] 애덤 스미스에서 알프레드 마샬에 이르는 100년의 기간 동안 살림/살이 경제와 경제학은 철저하게 돈벌이 경제(학)와의 연관 속에서만 포착되는 그 하부구조로서 이해되어 왔고 사실상 은폐되고 무시되어 왔다. 그 결과 전혀 별개의 영역으로서 따로따로 구분되어 연구되어야 할 돈벌이 영역에서의 연구와 규범 그리고 살림/살이 영역에서의 연구와 규범이 서로 뒤섞이면서 양쪽 모두에서 지극한 혼란을 일으켜 왔다. 비록 이 점을 날카롭게 전면적으로 지적했던 베블런이나 폴라니

---

61 짧은 글이지만, 하일브로너와 함께 '경제(학)의 비전의 위기'를 이야기했던 밀버그 또한 케인스주의를 넘어서서 칼 폴라니의 경제 사상으로 시야를 돌릴 것을 촉구하고 있다. William Milberg, "Keynes's Stimulus, Polanyi's Moment," *Harvard College Economics Review*, 3.2 Spring 2009.

와 같은 선구자들이 있었지만 그들의 혜안은 대개 무시되고 좌파에서도 우파에서도 '비주류'의 딱지를 면치 못하였다. 이러한 경제 사상의 단순화와 퇴보에 있어서 대단히 중요한 원인 하나는 20세기 후반의 냉전 상태였다. 좌파와 우파 모두가 사실상 리카도에서 시작되고 파생되어 나온 기계적 체계로서의 경제학—우리의 용어로는 '돈벌이 경제학'—을 내걸고 그 사이에 존재하는 일체의 다른 경제 사상은 일고의 가치가 없는 것으로 이단시해 버렸으니까.

하지만 21세기의 상황은 이렇게 지난 거의 300년간 살림/살이 경제의 존재에 대한 인식을 가로막고 그 고유의 경제학 발전을 가로막아 왔던 조건들이 급속히 사라지고 있으며, 대신 그러한 인식의 전환을 재촉하는 여러 가지 상황과 사건과 증후들이 사방에서 나타나고 있다. 과연 우리는 생태 위기를 그 알량한 '외부성'의 개념으로 해결할 수 있을까? 정말로 국가 규제만 정밀하게 잘 정비하면 현재와 같은 금융 체제 및 경제 체제 전체의 불안정을 해결할 수 있을까? 지금 이야기되고 있는 몇 가지의 '솔루션'만 잘 적용하면 우리가 살고 있는 세계가 과연 2000년대 초반의 '정상 영업(business as usual)'의 시기로 되돌아갈 수 있을까? 그렇게 자신 있게 말하는 사람은 찾아보기 힘들다. 대신 무언가 근본적인 원리의 전환이 필요하다는 생각은 소리 없이 퍼지고 있다고 나는 믿는다. 오로지 이윤의 극대화와 자산 가치의 상승만을 목적으로 한없이 미친 듯한 속도로 어딘가로 계속 질주해 나가는 개인의 삶, 나라와 사회의 삶, 지구촌의 삶, 아니 자연과 생태의 삶에 무언가 의미 있는 목적을 부여하고 거기에서 인간과 자연이 이해하고 납득할 수 있는 가치를 도출하여 그것으로 우리의 경제생활을 더 높은 인간적 의식으로 통제하고 창조할 수 있어야 한다는 것이 지금 시대가 요구하는 정신이라고 나는 믿는다. 그리고 그 요구에 응할 수 있는 원리는 동서고금을 막론하고 모든 인류가 태초로부터 가장 소중히 여겨 왔으면서도 가장 천한 것으로 무시하고 구석에 처박아 왔던 단어, 살림/살이에서 도출될 수 있다고 나는 믿는다.

  이 짧은 책은 그러한 생각의 처음 단초를 분명히 명시적으로 표명하기 위한 것이다. 내용도 깊이도 부끄럽지만, 모든 일에 시작은 있어야 하는 법이며 시작을 잘하려고 너무 미루다가 시작조차 못하는 일이 없어야겠기에 이렇게 내놓는다. 이후의 작업은 물론 계속될 것이지만, 이 책 서론에서 말한 것처럼 이 작은 책이 '민들레'가 되어 살림/살이라는 생각도 그 씨앗처럼 사방으로 훌훌 퍼져 나갔으면 좋겠다. 그래서 지혜와 생각을 더 많은 이들이 나눌 수 있다면 그 시급한 작업도 훨씬 속도와 동력이 붙을 수 있을 것이니까.

채희문 산림 힐링 시집

산과 나무와 바람

황금마루

채희문 시인

경기도 포천 출생.
한국외국어대학 독어과에 다님.
「월간문학」 신인상으로 등단.
저서 및 역서로《세계명작 영화 100년》
《문 밖에서》《쉬쉬푸쉬》《가로등과 밤과 별》
《두 사람의 롯데》《가을 레슨》《밤에 쓰는 편지》
《추억 만나기》《어느때까지이니까》《우이동 시인들》(25권)
《혼자 젖는 시간의 팡세》《소슬비》《고목에 꽃 피우기》
《시집 잘못 간 시집》《바보새》등 60여 권.
한국일보사 주간 월간 일간스포츠 편집부장,
공보처 전문위원 등을 역임.
한국문인협회, 우이동 시인들, 공간시 명예 회원.

- **연락처**: 경기도 의정부시 부용로 49,
  주공 그린빌 104-701 〈참詩 작업실〉
- **전화**: 010-3959-0904

- **표지사진**: 중국 5악 중 황산에 올라온 필자
- **표제체**: 필자

〈배달 겨레의 성산 백두산 천지에 올라와 앉아있는 필자〉

〈수도 서울 진산 북한산을 뒤로 서 있는 이쌍진 일부 홍해리 채희문 시인들(밑으로 왼쪽부터). 우이동 동인시집 25권 결간한 바 있음.〉

 **머리말**

산 나무 바람의 시심 통해
마음 양식 힐링 주고 싶어

저는 바다보다 산이 더 좋습니다.
그래서 84살 되도록 산 가까이 살고 있는 걸까.
처음엔 경기도 포천 수원산 산골 속에 살며 14년. 수도 서울의 진산 북한산 근처에 있는 미아리 거쳐 우이동에 살며 50여 년, 그리고 의정부 도봉산 불암산 천보산 가까이 현재 살고 있는 18년.
그래서 저는 산의 정기 속에 태어났고, 더불어 살고 있을까.
저는 이 산림 시집을 엮으면서 처음엔 많이 망설였습니다.
과연 한 권의 책으로 후세에 남길만한 것일까 하는 의문이 들었습니다.
그러나 저는 이 시들을 다시 읽으면서 스스로 크나큰 감명이 되어 마음이 위안이 되었습니다.
산과 나무와 바람의 시심, '텅 빈 충만'을 통해 많은 분들에게 되도록 공감되어 마음의 양식과 힐링(치유)을 주고 싶은 바람이며 저의 소망입니다.
끝으로, 저의 생애에 직접 또는 간접적 영향과 도움을 준 평생지우 유재력 사진작가, 지란지교 김창활 소설가, 여행 파트너 권성국 화백, 그리고 이생진, 임보, 홍해리, 우이동 시인 선생님들에게 이 지면을 통해 진심으로 감사드립니다.

2021년 1월 1일
채희문

산과 나무와 바람

 목차

제1부: 수도 서울 진산 북한산

북한산 · 1 ⋯ 14
북한산 · 2 ⋯ 15
북한산 · 3 ⋯ 16
북한산 · 4 ⋯ 17
북한산 · 5 ⋯ 19
북한산 · 6 ⋯ 20
북한산 · 7 ⋯ 22
북한산 · 8 ⋯ 23
북한산 · 9 ⋯ 25
북한산 · 10 ⋯ 27
북한산 · 11 ⋯ 29
북한산 · 12 ⋯ 30
북한산 · 13 ⋯ 31
북한산 · 14 ⋯ 32
북한산 · 15 ⋯ 33
북한산 · 16 ⋯ 34
북한산 · 17 ⋯ 35
북한산 · 18 ⋯ 36
북한산 · 19 ⋯ 38
북한산 · 20 ⋯ 39
북한산 · 21 ⋯ 40
북한산 · 22 ⋯ 41
등산기 1 ⋯ 43
등산기 2 ⋯ 44
등산기 3 ⋯ 45
세이천洗耳泉 · 세심천洗心泉에서 ⋯ 46

제2부: 드높은 뜻이 된 도봉산

아, 그 이름 도봉道峰이어 … 48
산을 오르며 … 50
나무가 되고 싶네 … 52
나무살이 … 53
우이동 나무 … 54
우이동 살이 … 55
우이동 숲속 빗소리 … 57
우이동 산비둘기 … 58
우이동 낙엽길 … 59
우이동 안개 … 61
우이동 야삼경 … 63
우이동 새벽달 … 64
우이동에서 천당동天堂洞 … 66
우이천 일지日誌 … 68
우이동 밤새 … 71
우이동 눈 오는 날 … 73
우이동 뻐꾸기 … 75
우이동 아침 이슬 … 76
우이동 우시나요 … 77
1991년에도 우이동 뻐꾸기 울다 … 78
새벽 산행山行 … 80
하이킹 · 2 … 81
혼자 젖는 시간의 팡세 · 1 … 83
혼자 젖는 시간의 팡세 · 4 … 84
혼자 젖는 시간의 팡세 · 11 … 85
혼자 젖는 시간의 팡세 · 15 … 86
혼자 젖는 시간의 팡세 · 16 … 87
혼자 젖는 시간의 팡세 · 21 … 89
가을 아리아 … 90
가을 레슨 · 6 … 91
가을 눈물 … 93
가을살이 · 1 … 94
가을 동정動靜 … 95
광릉 숲길에서 … 96

제3부: 배달의 겨레 성산 백두산

하늘 호수 … 98

백두산 미인송美人松 … 100

청량清凉 산정山頂 … 101

청량산 갈꺼나 … 102

지리산 특강 … 104

덕유산 겨울 고사목枯死木 … 106

천보산 소풍길 … 107

홍도紅島 … 108

고향故鄕 … 111

풀과 나무 곁에서 … 113

나무 · 1 … 115

나무 · 2 … 116

가을 레슨 · 5 … 117

가을 소나티나 … 119

가을 가는 가랑잎 … 121

가을 가슴 … 123

산정山頂의 길 … 124

세상이 섭섭하거든 … 125

산山 사랑 … 127

가을 감성感性 … 128

봄 나들이 … 129

덕현리 가을 … 131

바람의 콘서트 … 132

겨울 빈락貧樂 … 133

나무 같은 사람 … 134

가을의 저편 … 135

소슬바람 … 136

진달래 진다네 … 137

제4부: 중국의 5악 중 제일 황산

황산黃山 별곡 … 140
황산 연인송戀人松 … 142
로키 시네라마 … 144
세 자매 봉 … 146
가을 그리고 겨울 … 148
가을 저녁 비 … 149
가을도 가는데 … 150
가을 울리네 … 151
고사목枯死木 · 2 … 152
낙엽의 귓속말 … 153
단풍잎 … 154
가을밤 휘파람 … 155
어느 날 나는 … 156
제자리 뛰기 … 157
아침 시력視力 … 159
자기 낮추기 … 161
가을 에필로그 … 163
겨울 엽신 … 164
낙엽의 수목장 … 165
저녁 종소리 … 166
늦깎이 … 167

비천목飛天木 … 168
태산 유감有感 … 170
우울한 일지 · 7 … 172
날고 싶은 겨울나무 · 1 … 173
고사목枯死木 · 3 … 174
날고 싶은 겨울나무 · 2 … 175
나목裸木 앞에서 … 176
동박새 타령 … 177

제1부
수도 서울 진산 북한산

북한산은
서울에서 제일 높아도
높은 체를 안 하는데

그렇게 잘생겼어도
잘난 체를 안 하는데

그렇게 많이 갖고도
가진 체를 안 하는데

세상 이치 다 알면서도
아는 체 나서지도 않는데

-〈북한산·18〉 중에서

북한산 · 1

돈이 될 수 없는 시와
시가 될 수 없는 돈 사이에서
시내를 뱅뱅 돌다
집에 돌아와 창문을 열면
그대 북한산
그대 발밑에 내가 와 있는 게 새삼 신기하구나
나 무슨 인연 있어 그대와 만났을까

축복 있을진저!

내가 답답한 시정의 때를 입고 있을 때마다
내 그림자만한 두께의 어둠에 갇혀 숨막힐 때마다
언제나 그대는 내게 열쇠를 주었지
열고 나오라고, 어서 떠나 자기에게로 오라고
아직도 못다 부른 무량無量의 노래가 있다며
아직도 못다 쓴 시가 보고처럼 가득하다며
나의 눈과 귀를 여는 열쇠를 주곤 했지

우리의 만남에 다시 한번 축복 있을진저,
북한산이여!

북한산 · 2
-여름

북한산, 그대는 알다가도 모를 일
열어도, 날마다 열어도
미궁의 문처럼 한없이 열리다 닫히는 문

때로는 물소리 바람 소리 한 자락에
그 자연음의 은은한 숨결 소리에
고혹적인 가슴처럼 열리는 듯하다간
어떤 땐 풀잎에 앉은 한 방울 이슬로도
그대의 깊은 비밀 보여줄 듯하다간

-당신은 아직도 멀었어요
  나의 전부를 가질 수 있을 만큼
  먼저 비우세요, 깨끗이 다 비우세요

허구헌 날 이 말만 속삭여 주곤
다시금 수만 겹 베일 속에
신비한 가슴 사르르 닫아 버리네

그대 없인 못살게 해 놓고
내게 짝사랑만 불 질러 놓고
날마다 사무친 그리움에 젖게 해놓고.

북한산 · 3
-가을

북한산이 맑은 하늘 열어 놓고
눈을 씻으라 한다

솔솔 소슬바람 소리 보내며
귀를 씻으라 한다

깊은 골 옥류玉旒 소리 보내며
마음살도 씻으라 한다

그리고 나더러
혼자 있으라 한다
혼자 와서 혼자 가는 길 보일 때까지
텅 빈 혼자 눈으로 만져질 때까지
떠나고 또 떠나
혼자 있으라 한다

그러면서 자연 그대로 자연과
같이 있으라 한다
제 자리를 살아라 한다.

북한산 · 4
−겨울 산행山行

북한산이 나를 불러 옷을 벗긴다
가시바람 속에
벗고 선 나무 가리키며
옷을 벗긴다
마음도 벗긴다
마음속 마지막 속까지
벗기고 벗긴다

그리고 하늘 저 깊숙이서
하얀 눈 푸짐하게 날라다
온산 두루두루 포근하게 덮어 주곤
내 마음속까지
하얀 옷 입힌다

내 더러운 심신의 땟국물도
신선한 땀으로 짜내며
하얀 물 들인다

비로소
그날이 그날 같던

저 아래 세상도
별다르게 보이게 한다.

북한산 · 5
―인생 학점學點

북한산이여
높은 그대의 낮고 낮은 밑에서
50년 하고도 몇 년을 더 사는 동안
가까이, 좀 더 가까이 닮아가겠다고
그대 앞에 언약도 많이 했지.

그대 높이 만큼의 높이를 쌓겠다고
그대 품 만큼의 품을 가져 보겠다고
그대 무게 만큼의 무게를 지니겠다고
아니, 그대 뿌리 깊이만큼의 깊이를 간직하겠다고
날이면 날마다 가슴 속에 다짐하며 드나들곤 했지

그런데
날이 가고 해가 가고
나이도 이만큼 기울어진 지금
나는 그대 앞에 과연 몇 점짜리로 설 수 있을까

두렵고 쑥스러울 뿐
미안하고 허전할 뿐

면목 없는 그대 만남의 세월이여,

북한산 · 6
-내 식대로 살기

북한산 나무가 어느 날 내게 속삭였지

당신은 참 이상하네요
한밑천 잡든지
돈푼깨나 긁어모으면
다들 싹 등 돌리고 떠나던데
강남인지 영동인지, 아니 그 어딘가로
돈 놓고 돈 먹는 정도가 아니라
황금알 낳는 곳이라나
그곳에 살아야
진짜 서울 문화시민이라나
날쌘 제비처럼 떠나던데
모두들 쥐도 새도 모르게
떠날 때는 말 없이
구질구질한 헌 세간살이나
산자락 · 개천 아무 데나 내던져 버리고
손 싹 씻고 쏜살같이 가던데
고깃덩어리 펑퍼짐한 부인도
뼈다귀 앙상한 남편도
양담배 피우는 새끼 데리고

훌쩍 잘도 가버리던데
이미 나이 70이 넘어
인생 재수도 끝장난 당신은
한 동네 한 집에서 50년이 넘어가도
줄줄이 넷이나 되는 자식들과
가지 많은 나무에 바람 잘 날 없어도
허구헌날 뼈와 살이 타는 생활고에 시달려도
그렇게 주변머리가 없나요
바보 천치 누구나 다 해 보는
부동산 투기 벼락부자 깜짝 쇼도 못 해 보나요
남다른 신념의 사나이라서 그런가요
그렇다고 어느 누가 알아주던가요
내가 길어다 뿜어주는 맑은 공기가
당신의 고절한 정신을
더욱 청정하게 만들어 주던가요

그러나
사실은
그래서
그러한 당신을
나도 좋아한다고요.

북한산 · 7

높은 산은 높게 사누나
깊은 산은 깊게 사누나
높은 산 깊은 산은
멀리 보며 넓게 사누나.

북한산 · 8

북한산은 참 희한도 하지
날마다 다시 태어나는지
볼 때마다 다르고 새롭지

북한산은 참 오묘하기도 해
만날 때마다 자연음의 생음악 들려주고
계절 따라 근사한 그림들도 보여주고
오르막길 내리막길 오르내리다 보면
세상길 나그네길 깨우쳐주는
산길 굽이굽이 명강의실도 많지
나무들도 바위들도 훌륭한 선생님이야
바람소리 물소리도 가르침이야

북한산은 보면 볼수록 잘도 생겼어
어느 산등은
큰형님의 넉넉한 잔등 같기도 하고
어느 햇살 바른 둔덕은
누님의 포근한 가슴 같기도 하고
어느 능선에 앉아 있는 바위는
언제나 만나도 싫증 안 나는

다정한 친구의 모습 같기도 하고
참 북한산은 별나기도 해
언제나 꿈꿀 꿈을 꽃피게 해주고
어제나 노래할 노래를 샘솟게 해주고
정말로 북한산은 조화 무궁야.

북한산·9
−엘레지

산아 산아 북한산아
내 눈물 젖은 눈길이 보이느냐
내 우울한 노래 소리가 들리느냐
말해다오 대답해다오
왜 빨간 꽃이 빨갛게 피지 못하는가를
왜 노란 꽃이 노랗게 피어 있지 못하는가를
왜 파란 잎이 파랗게 달려 있지 못하는가를
왜 붉은 단풍이 붉게 물들지 못하는가를
왜 맑은 물이 맑게 흐르지 못하는가를
왜 하얀 눈이 하얗게 내리지 못하는가를

산산 산아 북한산아
우이동의 울먹이는 소리가 들리느냐
그대와 오래오래 살고픈 사람들의
어두운 기도 소리가 들리느냐
사실 우린 모양만 그대와 다를 뿐
그대의 전부 속의 일부가 아니더냐
우리 모두 죽음의 늪에 몸져눕기 전에
어리석은 자들을 깨우쳐다오
그대 살리는 사랑 일깨워다오

그대가 왜 그처럼 앓고 있는가를
그대가 얼마만큼이나 아픈가를
우리의 병이 어디쯤에 이르렀는가를
말없이 마음 마음에 말하여다오.

북한산 · 10
−기다리기

기다리자
북한산을 기리며 기다리자
백운대 인수봉, 그 침묵의 바위 속을 헤아리며
기다리기로 하자
그 깊은 골 말 없는 나무들의 말을 배우며
기다려 보기로 하자

사는 것은 기다림
마감 시간까지 기다림

그래, 기다리는 연습을 하자
나라의 가슴, 서울의 자궁 속까지
비바람, 설한풍 번갈아 몰아칠 때
이름도 모를 잎새로 떨어져 잠든 사연
그 얼마였으리
그 잎새 위에 이슬로 진 설움의 눈물 또한
그 얼마였으리

그러나 보아라

그 끝없는 인고의 세월을 안으로 삭이며
언제나 의연히 일어나 있는 북한산을
다음을 기다리는 북한산을

우리도, 다시 기다리기로 하자
온 장안의 아픔을 안고 말없이 기다려 온
북한산을 닮으며
기다리기로 하자
기다리는
연습을 열심히
하자.

북한산 · 11
−세인도世人圖

산은 봉우리만 산이 아니지
사람도 머리통이나 얼굴만이 전부가 아니듯
산도 목과 어깨도 있고
어깨 밑엔 가슴도 있고
가슴 밑엔 허리와 다리도 있지

어디 그뿐인가
다리 아래엔 넉넉하고 든든한
들판 같은 발바닥도 있고
그 발밑엔 보이지 않는
깊고 깊은 뿌리까지 있지

그런데 사람들은
늘 그런 것들은 무심히 지나치고
높은 봉우리만 우러르며 산을 오르려 하네

아무리 높아봤자 다 하늘 아래 뫼일진대
세상 욕심쟁이들 누구나 할 것 없이
높은 데만 좋다고 갖은 짓거리들 다 하네.

북한산 · 12
―화장실도 도장道場

내가 집에 있을 때
화장실에 있는 시간 꽤나 많다고
아내는 변기 옆 벽면에다
메모꽂이 같은 걸 만들어 놓고
소책자들과
볼펜까지 꽂아 놓고
괜히 앉아 귀중한 시간 배설하지 말라며
쓸 만한 생각들을 골라 챙겨 보라고 한다

그래서 이따금은
그저 그런 시늉을 해 보기도 하는데
때로는 똥을 싸듯 머릿속을 짜며
이것저것 뒤적거려도 보는데
그러다 일어나 창 밖을 내다 보면
내가 찾던 그런 것은 결국 딴 데 있는 게 아닌가

아, 글쎄 뭐긴 뭐겠어
아무렴 북한산이고 말고,

북한산 · 13

북한산이여, 그래도 이 서울에선
그대만이 나를 변함없이 맞아주는구나
가면 갈수록 가슴으로 가까워지는구나
만나면 만날수록 만날 일 많아지는구나

자잘한 잡사에 잦아들다가도
혼란한 세상 혼곤한 잠에 혼미해지다가도
그대만이 눈 뜨이는 깨우침의
잔잔한 물소리
내 안 깊숙이 나를 안내해 주는구나

늘 그렇게 알게 모르게
나를 일깨워 가르쳐 주는구나.

북한산 · 14

자고 일어나면 산부터 올라
책을 펼치듯 북한산을 펼쳐 보네

백운대, 인수봉, 만경대, 노적봉…
줄줄이 이어진 제 나름의 크고 작은 봉우리마다
산허리 굽이굽이 낮고 깊은 골짝 갈피마다
언제 봐도 새록새록 새삼스러운
볼거리
읽을거리
배울거리

가난한 자일수록
감사한 마음 솟아나게 감싸 주고

사시사철 말동무처럼
맘에 닿는 말
말없이 말해 주고
빈 가슴일수록
가득 채워
가지고 가게 하네.

북한산 · 15

산은 나더러
나를
부끄러워하라 하네

산은 나더러
남을
용서하라 하네

산은 나더러
사는 날까지
사는 것들을
사랑하라 하네

산은 만날 때마다
사람답게 사는 길을
훈수 두곤 하네.

북한산 · 16

북한산이 날마다 나를 부르네
깊은 골짝 기슭마다
생명샘 줄기줄기 열어 놓고
약수바람 신바람나게 틀어 놓고
세상 땟국물 절은 심신 벗으라 하네
맘속 속속들이 맑게 닦으라 하네

내려오다 행여 욕심의 찌꺼기 남았거들랑
쓰레기장에 쓰레기 버리듯 버리라 하네

가을 하늘 떠 가는 구름처럼
가벼운 가슴으로 가라 하네.

북한산 · 17

북한산에 와 보면 보리라
서울서 서럽기만 한 사람도
억수 억울하기만 한 사람도
여기에 와 보면 알게 되리라

잘난 자도 못난 자도
가진 자도 못 가진 자도
높은 자도 낮은 자도
별수 없이 변하는 것을
다른 사람처럼 달라지는 것을
같은 사람처럼 같아지는 것을,

북한산 · 18

북한산은
서울에서 제일 높아도
높은 체를 안 하는데

그렇게 잘생겼어도
잘난 체를 안 하는데

그렇게 많이 갖고도
가진 체를 안 하는데

세상 이치 다 알면서도
아는 체 나서지도 않는데
만고풍상 다 겪고서도
그런 내색도 안 하는데

그렇게 북한산은 의연할 뿐
묵묵부답 말이 없는데

그런데 사람들 꼬락서니 좀 보게나
조금만 높거나 가졌어도

조금만 잘났거나 멋있어도
어쩌다 혼자 뭐 좀 알고 있기만 해도
목과 어깨에 힘깨나 주며
그 위세 한번 대단하지
꽤나 까불까불 촐랑대지
이러쿵저러쿵 시끌버끌
저마다 저 잘났다고 재잘재잘
말 같지도 않은 말 많기도 하지
나부터도 그런 부류의 한 사람일지 모르니
한심하지.

북한산 · 19

산의 나무들은
바람 불면
같이 흔들리데

비가 오면
같이 맞으며 젖데

그러나 사람들은
그렇지 않데
따로 놀기 일쑤데

이 사람은 우는데
저 사람은 웃기도 하데

어느 사람은
그저 겉으로만 같은 시늉
속으론 아주 딴판이데.

북한산 · 20

설한풍에 살을 에인들
뭐라 말 한마디 하는 바위 있더냐

비바람에 어깨가 꺾어진들
제 자리 버리는 나무 있더냐

심지어는
꽃이 피며 웃어도 웃음소리가 없고
새가 울며 노래해도 눈물을 보이지 않느니

자칭 만물의 영장이라는
교만하고 간교한 인간들만이
한도 끝도 모르는 야욕의 인간 족속들만이
사사건건 말도 많고 탈도 많고
시시콜콜 시끌시끌 말썽도 많아
이 '조용한 아침의 나라'에
하루도 조용한 날이 없다네.

북한산 · 21

산을 오를 땐
욕심은 반대로
내려가야 하데

내가 오르며 낮아질수록
산은 오히려
나를 드높이 올려주데

이윽고
내가 빈 배낭처럼 비워지면
산은 더욱 나를
아늑히 안아주며
가득히 채워 주데.

북한산 · 22
− 인수봉

너의 넉넉한 가슴을
누가 알 거냐

너의 깊은 뿌리를
누가 헤아릴 거냐

먼 옛날부터 이미
속세를 훌훌 벗고 서 있는
벌거숭이 너를 누가 믿을 거냐

너를 오르는 사람들에게
너의 머리 위로 올라
욕심의 깃발을 휘날리는 사람들에게
좀 어질게 살라고
좀 슬기롭게 살라고
모진 목숨들이여
모두 버려야 영원히 얻는다고
사시사철 가르치고 타이르지만
허구헌 날 일러주지만
누가 들을 거냐

너의 말 없는 말
누가 알아들을 거냐.

등산기 1

살아가고 있는 일은, 언제 어디서나
걷는 생활이 대부분이지만
산에 오를 때면 더욱
겸손한 한 발 한 발의 무게가
새삼 가슴을 열며 다가옵니다

그 한 발 한 발의 자리가 꾸준히 모여
오르고 또 오르는 길 자꾸 눈 뜨게 하고
그만한 높이의 깊고 넓은 뜻도 깨우쳐
내려가는 길마저 몇 번이고 다시 배우게 합니다.

등산기 2

산을 오늘 때마다 산은
나를 빤히 알고 있는 눈치입니다

어줍잖은 겉치레며
실하지도 못한 내실(內實)하며
그 못남 속에 이끼처럼 서려 있는
내 어설픈 슬픔과 외로움까지
내색은 않지만 알고 있는 눈치입니다

집 나간 탕아를
꿈속에서도 사랑해 주는 어진 어머니처럼
나를 기다리고 기다리다
나의 끝날 덥석 안아 줄 눈치입니다.

등산기 3

산에 오른 날 어느 땐
내 손 안에 들만한
나무 한 그루 붙들고
원효의 지팡이도 생각해 보고
모세의 지팡이도 떠올려 보고
그러다 모처럼 정신 한 번 번쩍
머릿속에 불 켜지기도 하는 것 같은데…
그러나 그건
내게 힘에 겨운 일인가 봐
분에 넘치거나 주제넘은 일인가 봐
때도 나의 때가 아닌가 봐

괜히 나뭇가지만 허공에 흔들어 놓고 내려온다.

세이천洗耳泉 · 세심천洗心泉에서

겹겹이 마음 껴입고
물만 받아 가면 뭘 하느냐

어제 그제의 눈과 귀 그대로 걸어 놓고
물만 마시면 뭘 하느냐

진정 청수의 마음 가진 사람
한 줄기 물소리로도 심신을 씻나니

아무리 좋은 물이라도
양질의 그릇에 담겨야 오래 변치 않나니

물욕의 물통 든 사람들이여
풍진에 물든 마음들이여

청냉淸冷한 물의 말씀이 보이느냐, 들리느냐.

제2부
드높은 뜻이 된 도봉산

도봉이여
세상의 큰 길이 되고
드높은 뜻이 되어주는 산이여

당신의 변함없는 든실한 무릎 아래서
그동안 덧없이 무너져내리는
권력과 금력의 모래성을 우린 보아왔나니

-〈아, 그 이름 도봉이여〉 중에서

아, 그 이름 도봉道峯이어

도봉이어
세상의 큰 길이 되고
드높은 뜻이 되어주는 산이어

당신의 변함없는 튼실한 무릎 아래서
그동안 덧없이 무너져내리는
권력과 금력의 모래성을 우린 보아왔나니

그리하여 오늘도 우리들은
그대의 품속과 등허리를 거닐며
한 마리 순한 양이 되고 사슴이 되어
솔바람 맑은 물소리로
어제의 눈과 귀를 씻고 있나니
욕심의 군살을 빼며 마음을 헹구고 있나니

도봉이어
선인봉 만장봉 자은봉 신선봉 주봉 오봉이
신비하고 오묘한 조화를 이루며
사이좋게 어우러져 지내는 명산이어
풍진 세상의 초목군생 같은 우리에게도

그대의 슬기로운 한 수를 깨우쳐다오
아직도 헤매는 자들에게 바른길을 일깨워다오

아, 그 이름 도봉이어
험한 서울 바다 맨 앞에 드높이 서서
도봉벌에서 저 암울한 장안 구석구석까지
그대의 넓은 이마 환한 등불처럼
불 밝혀다오, 지켜다오
서울의 등대처럼, 수문장처럼
아, 깊고 높은 뜻의 그 이름 도봉이어.

산山을 오르며

백운대를 보며 걷는다
인수봉을 보며 오른다

오르다 서서
뒤를 돌아다본다

참아야지, 그렇게
두 번
세 번도
참는다, 용서한다
저 아래의 일들을 참는다, 용서한다

걸어온 길 잊으며 다시 걷는다
잊으려고 위를 보며 계속 오른다

다리가 아프고 숨이 차도
참도 또 참는다
잊고 또 잊는다

이끼처럼 붙어 있는

저 아래의 생각과 말들도
땀을 씻듯 닦아 낸다

보이지 않는 슬기와 인고의 뿌리를
지닌
저 비탈의 나무들을 보며
저 깊고 넉넉한 가슴의 바위를 보며

한발 한발 앞으로 내딛는다
한발 한발 위로 오른다,

나무가 되고 싶네

내가 죽었다가
행여 이 세상에 다시 생겨난다면
이번엔 나무로 태어나고 싶네

한창 젊었을 적엔
자유롭게 날아다니는
새가 되고 싶기도 했지

그런데 이제는
늘 제 자리를 의연히 지키고 섰는
한 그루 의젓한 나무가 되고 싶네

이왕이면 넉넉한 그늘 품은
제법 큰 나무로 자라서
세상 길 피곤한 길손들의
지친 발걸음 어루만지며
편히 쉬어가게 하고 싶네

그런 나무가 되고 싶네.

나무살이

나무들은
가을 겨울이 되면
되레 입은 옷을
벗어 놓데요

그런데 사람들은
오히려 옷을 더 챙겨 입데요
욕심의 두터운 옷으로 갈아 입데요

그러고 보면
퍽 잘났다는 우리네 인간들
실은 나무들만도 못한 존재 아닐까요
이제 나도 나무의 살림살이 배워
이 가을 겨울의 계절을
단촐한 심신으로 지내야겠네요
얼마나 남았는지 모를 나그네
길이지만, 그렇게 살아야겠네요.

우이동 나무

우이동 나무들은
입이 무거운가 봐
아무리 사람들이 곁에 와 말을 걸어도
귀먹은 척 못 들은 척
입들을 꼭 다문 채
아무 말도 않거든

그저 바람 불면
바람 소리로 말할 뿐
비가 오면
빗소리로 이야기할 뿐
눈이 보면
눈소리로 속삭일 뿐

그저 자연 그대로
말할 뿐
노래할 뿐.

우이동 살이

산과 더불어 사는 우이동은
그래도 서울서 제일 살 만한 동네

—살기 힘든 세상에
  살면 얼마나 산다고

세계 어느 재벌이 무진장 가졌다 한들
그 짧은 세월에 북한산만큼 가지고 살 건가

—헛되고 헛되도다
  돌아갈 땐 누구나 빈손이로고

백운대 · 인수봉만 쳐다봐도
언제 어디로 떠날지 모를
뜬구름 인생 날마다 일깨워 주고
사시사철 밤낮 맑은 공기에
철 따라 또 이 무슨 특혜인가
봄엔 마을 울타리 산자락마다
산처녀의 설레는 가슴 같은 잔치 잔치 꽃잔치
여름엔 깊은 골 우거진 숲마다

새소리 · 물소리 · 바람 소리의 푸른 오케스트라
가을엔 무한대의 화폭을 펼쳐 놓은
황홀 단풍의 천연 갤러리
겨울엔 알프스에서 날아온 그림엽서 같은
하얀 꿈의 눈부신 신세계

이것만으로도, 요즘 같은 세상에
그래도 살 만한 동네는
우이동, 우이동이 아니고 어디멘가.

우이동 숲속 빗소리

우이동 숲속 빗소린
참 이상하기도 해
때로는, 누군가의
숨소리 같기도 하고
속삭임 소리 같기도 하고
발걸음 소리 같기도 하고
그 모든 것이 어우러져 화음 이룬
은은한 음악 소리로 들리기도 하고

그러나 바람결 스산한 요즘 같은 땐
이슥한 밤 혼자 있을라치면
어디선가 나를 태우러 오는
아니 나를 싣고 어디론가 떠날 것 같은
미지의 환상 열차 소리 같기도 하고…….

우이동 산비둘기

그냥 그렇게 살기로 해 놓고
웬 새삼스런 설움이야
-여름 가구
-가을 오구
비 오는 날의 우이동 산비둘기
풀잎 가슴섶마다 젖게 하누나

그렁저렁 지내기로 해 놓고
또 웬 청승맞은 울음이야
-가을 가구
-겨울 오구
우이동 숲속 구석구석
떠가던 구름까지 젖어 내리누나

-나두 가구
-너두 가구
여린 나뭇가지 끝까지
촉촉한 산바람으로 흔들며
내 눈시울마저
비안개 서리게 하누나.

우이동 낙엽길

가랑잎들아, 미안하다
하얀 눈 위를 걸을 때처럼 미안하구나
무엇이 잘났다고
70kg이 넘는 수치스런 몸무게까지 얹어
너희들을 밟는단 말이냐

깊은 물 위론 한 발짝도 못 걷는 주제에
돈 위론 한 발도 안 딛고 갈 위인이
낯 두껍게도 더러운 발로
너희 깨끗한 살에 상처까지 입히며 간단 말이냐

바람 부는 대로 순순히 떠나온 길
말없이 흙으로 되돌아가는 길의
쓸쓸한 잠시 휴식을
따뜻한 위로는 못 해줄망정
어찌 이렇듯 괴롭히며 오간단 말이냐

그러나 너무 억울해하진 마라
하긴 나도 밟히면서 살아왔단다

그러나 가랑잎들아, 이해하고 용서해다오
나도 언젠간 한 줌 흙으로 돌아가
너희들과 한 이웃으로 다시 만날 날 있으리니…….

우이동 안개

너무나 빤히 보이는 세상
그러면서도 보일 건 안 보이는 세상

그런 어느 날, 이른 아침 한때
우이동 안개에 조용히 안겨 보렴

스릴러 영화映畫처럼 음산하지도 않고
공항이나 고속도로처럼
불안하거나 위험하지도 않고

안 볼 것은 안 보일 수 있을 만큼
안 들을 것은 안 들릴 수 있을 만큼

어머님의 넉넉한 비단 치마폭같이
큰 누님 방의 하얀 레이스 커튼같이
포근하고 아늑하고
그윽하고 정겨웁고
마치 꿈나라의 별천지
그 신비로움, 그 포옹
서로의 흉허물도 감싸고 가려 준다네

우리의 어두운 눈도 새삼 눈 뜨게 한다네

아 북한산, 새벽 사랑의 장엄한 역사役事여
그 황홀한 절정에서 발원하는
무량無量의 감미로운 입김이며
우이동 안개여

우이동 야삼경

한밤, 빈손 가슴에 얹고
가는 시간에 잠만 멀리 떠나보내고 있을 때

어디선가
맑은 물소리 옵니다

깊은 산 잠자는 어둠 조용히 깨우며
쓸쓸한 물여울 소리
맨발로 옵니다.

우이동 새벽달

어느 누가 그대만큼 긴 밤의 고통을 살았으랴
어느 누가 그대만큼 깊은 어둠의 고뇌와 만났으랴
인수봉仁壽峰에 잠시 걸터앉은
휘영청 밝은 그대 얼굴 앞에 서면
난 부끄럽구나
왠지 고개를 들 수 없구나
나의 키는 점점 작아지는구나

이 가슴의 어둠도 지워다오
그 어둠의 두터운 때도 씻어다오
그대를 만나는 새벽 산정山頂
모든 것 속속들이 닦아 내고 싶구나
훌훌 다 벗고 비어 있고 싶구나

갈수록 발은 점점 무거워지고
손은 점점 가벼워지고
날이면 날마다 왜 이리도 부끄러운가
나이 들수록 혼자 왜 이처럼 미안할까

그대 눈부신 얼굴 쳐다보노라면

헛헛한 가슴 속까지
회한의 바람 소리만 그지없구나.

우이동에서 천당동 天堂洞

어느 날 천당엘 가보니
사람은 하나도 안 보이고
나무와 나는 새들
개와 소와 돼지
노루와 사슴과 토끼
캥거루와 코끼리와 얼룩말들
하여튼 나무와 풀과 짐승들만이
여기저기 오순도순 단란하게
잘도 잘도 살고 있는 게 아닌가

그런데 저녁에
예수와 석가모니가 베푸는
리셉션에 초대되어
'지옥동地獄洞 관광' 비디오 프로를 보니
아니 이게 웬일인가
거기엔 인간들만이 우글우글
장면마다 나와 어울려 지내던, 아는
사람도 많고
그냥 보고만 듣던 유명 인사들도 많은데
그 사람들이 다 지옥으로 갔을 줄이야

그 경건하고 엄숙하던 성직자들까지
그 곳으로 가 있을 줄이야
하도 어이가 없어 알아본 이유인즉―,
인간은 신이 하사한 축복의 선물 지구촌을
공해의 천지로 오염시켰고
항시 말로만 "뜻대로 하옵소서"
실은 자기들 뜻을 합리화시켜 생활해 왔고
가장 소중한 사랑에 있어서까지
실은 사리사욕의 수단으로 이용
미움 · 반목 · 싸움이 끊일 날이 없었고
따라서 창세創世의 날의 순수성은커녕
온갖 간교 · 간사 · 잔재주가 극에 달해
마침내는 조물주의 영역까지 침범하고 있다는 것―.

갑자기 나는 아랫배가 쑤시며 뒤가 마려
식은땀을 흘리며 달리다 간신히 화장실을 찾은 순간
문을 확 열고 보니
어느새 그곳은 우이동 백운대 · 인수봉 앞이렷다
하여간 이것이 꿈이건 생시이건 간에
인간의 탈을 쓴 사람이라면 누구나
한 번쯤
아니 두 번이고 세 번이고
가슴 깊이 새겨 봐야 할 일
겁나게 충격적인 일 아니고 무엇이랴.

우이천 일지日誌

백운대 인수봉도 침실에 들었는가
하루의 마지막 시간도 썰렁한 바람소리로 지나가고
이슥한 밤, 닫힌 터널처럼 답답하구나

심신 안팎엔 여전히 온갖 땟국물

내일 아침엔 일찍 일어나야지
일어나 눈부터 씻어야지
입도 씻어야지
아니 입안을 깨끗이 씻어야지
아니 귀도 말끔히 씻어야지

이왕이면
서울의 마지막 눈물 같은 우이천牛耳川 물에
시내서 물든 물때를
모두 닦아내야지

그러나
가엾은 우이천牛耳川이여, 언제부터인가 너의 품에서
가재도 떠나더니

송사리도 떠나더니
아, 너의 온몸에 점점 병색이 들더니
이젠 갈 길을 잃고 지쳐 누운 나그네처럼
오히려 네가 목이 타고 있구나

너의 가슴 구석구석은
멍으로 얼룩지고
하류下流에선 이미, 시체의 하반신下半身처럼
죽음의 냄새만이 헤엄치는구나

우이천牛耳川이여
병상病床에서 일어나다오
부활의 기적처럼 다시 살아서 일어나다오

아무것도 못 듣는 척
말없이 앓지만 말고

내 어릴 적 고향의 냇물처럼
맑은 얼굴로 일어나다오

세월의 냇가에서
한겨울 한밤에도 깨어있는 자의 조용한 시간 속으로
그 얼음 밑으로
졸졸 흘러오던 물소리

내일은, 모레는
보여다오, 들려다오

그 낭랑한 자연음自然音의 노래를 들려다오.

우이동 밤새

숲 속
속속들이
어둠 속을

뜬눈으로 지새며
이슬 쪼는 새

남 다 자는 한밤중
맘을 앓으며

자신 때문에 맘 쓰여
속이 타서

숲속 속속들이
맺는 이슬을

한 알씩 따 먹고
한 울음 울고

자신 때문에 맘이 타서

목이 타서

한밤 내 이슬 쪼는
뜻을 쪼는

이름 모를 새

우이동 밤새여.

우이동 눈 오는 날

우이동에 눈 오는 날은
하늘 방앗간서 제일 곱게 빻은
떡가루로
온 동네 떡 해 먹는 날

먹지 않아도
보고만 있어도
배부른
하느님네 백설기일까

가난한 지붕과
추운 나뭇가지 위에
더 오래 푸짐하고 수북하고……

누구의 말씀이 저렇게 하야리
어느 가수의 노래가 저렇게 고우리

보면 볼수록
만지면 만질수록
우리들의 마음속까지

하얀 물 드는

우이동 눈 오는 날.

우이동 뻐꾸기

6월의 깊은 나무숲
보이지 않는 그늘의 자리에 앉아
그날의 피맺힌 한恨을 토하듯
뻐꾸기가 우이동을 운다
뻐꾹 뻐꾹 뻐꾹……

그날의 어느 넋이
뻐꾸기 되어 다시 날아 왔는가

이른 아침부터
저녁나절까지
뻐꾹 뻐꾹……

동네 사람들의 닫힌 가슴을 운다
저 미아리 고개를 향해 운다
더 멀리 한강 다리를 향해 운다

아, 허리 잘린 산하山河를 운다
6월의 그 날을 운다
그 날을 잊어가는 오늘을 운다.

우이동 아침 이슬

밤에 누가 울다 갔을까
아무도 모르게, 혼자의 시간 거닐며
누가 어둠 속 촛불처럼 울다 갔을까
한없이 샘솟는 한(恨)의 샘물을
북한산 이마 위까지 길어 올렸다가
그 설움의 소리 없는 흐느낌
허공중 어둠 속 안개로 삭이고 삭여
누가 저렇듯 영롱한 슬픔의 사리를
빚어 놓고 갔을까
수정 구슬처럼 하나하나 세공해
진열해 놓고 갔을까

그러나 그대들은 미소 같은 햇살과
미풍의 날갯짓만 닿아도 목숨 다하는
떠날 땐 언제나 흔적도 말도 없이 자신을 사르는
가장 여리고 투명한 알몸의 소우주
그 순수의 눈부신 눈물꽃들을
누가 저렇듯 지천으로 꽃피워 놓고 갔을까
새벽마다 지상의 별처럼 마중나와
우리 가슴 깊은 곳 마음자락을
어쩌자고 맑은 물 젖어들게 하는 것일까.

우이동 우시나요

우이동이 우울해요
나무들도 날이 갈수록 기분 나쁘대요
솔바람도 속상하다고 속삭여요
신나던 새들도 시들시들
시멘트 냄새에 신음소릴 내요
개천도 구천九泉처럼
구정물에 구역질하다 목구멍 잠겨요
백운대 인수봉 만경대도
허리까지 기어오르는 콘크리트 정글 보며
어이없다는 표정이어요
아황산가스 뿜어대는 차車 행렬 내려다보며
"사람들 살고 싶지 않은가 봐"
한심하다는 듯 한숨 쉬어요

서울에서 서울깍쟁이 같지 않게
자연 그런대로 살 만한
마지막 남은 동네
아, 우이동이
시름시름 시름겨워지네요
아으 아으 아파지네요

우이동이 울고 싶어지네요.

1991년에도 우이동 뻐꾸기 울다

서울에서 사라졌다던 뻐꾸기
올해도 우이동 앞산 뒷산에 와서 운다

뻐꾸기야
겨우내 따뜻한 나라에 가 있다가
뭣하러 또다시 왔니
여기가 뭐 그렇게 좋다고
살고 있다는 게 기적이라는 도시
그나마 그 도시 변두리 동네에
무슨 미련이 남아
어쩌자고 다시 와 그토록 울어쌓니

우이동도 이젠 날마다 달마다
사람들 맘 달라지듯 달라져 간단다
네가 종일 신나게 날아다니며 놀던
푸른 산자락 그 울창한 나무숲에도
고층 건물들 점령군처럼 줄줄이 들어서고
맵고 탁한 스모그까지 황사바람처럼 몰려와
짙은 안개처럼 자욱할 때가 많단다

그러니 자꾸 목 아프게 울지만 말고
조용히 쉬었다나 가다오

네 청승맞은 울음소리 듣노라면
해마다 싸움질만 하던 4, 5월 생각에 서글퍼지고
피비린내 진동하던 그 비극의 6월마저
다시 떠오른단다
그 때 그 시절 자꾸 눈물난단다

그래도 너는 아는지 마는지
뻐꾹 뻐꾹……
하긴 서러운 것은 네가 아니고
못난 우리구나
그래서 네가 우리 대신 우는지 모르겠구나

아, 우이동 뻐꾸기 사람 울리네.

새벽 산행山行

새벽 5시면 일어나
북한산 솔바람에
눈과 귀를 씻으며
산보하듯 산길 오른다

가고 오고 한 시간쯤 거리
사람들 꾀지 않는 한적한 코스 따라
비가 오나 눈이 오나
산에 살러 간다

건강하게 오래 살려고?
물론 그럴 심산心算도 있겠지

그러나 그보다도 중요한 까닭은
하루에 단 30분, 한 시간만이라도
내 시간을 살고 싶어서지

내 안의 나를 만나
맘속 아침 청소하고 싶어서지
나를 다스리고 싶어서지.

하이킹 · 2

산은 이렇게 가야 하리
가까이 있어도 먼 산처럼
멀리 있어도 가까운 산처럼

산은 이렇게 올라야 하리
다 올라왔구나 하는 마음가짐은
다 오르고 난 한참 후에
다 내려왔구나 하는 마음 놓음도
다 내려오고 난 얼마쯤 후에

그러나 그보다도 먼저
쉬어가는 구름부터 한 자락 걷어
바람소리 물소리에 슬쩍 적셔
풍진세상 절고 절은 욕심의 때
닦고 닦아 말끔히 씻어내야 하리

저마다 이와 같으면야
산에선들 들에선들
산들산들 마음도 산들바람
세상길 무거운 짐

지친 발걸음도
나들이길처럼 가벼우리.

혼자 젖는 시간의 팡세 · 1

풀과 나무는
봄에 다시 태어나지만
사람은
가을에 다시 태어난다

인간은
가장 외로울 때
가장 순수하다
가장 고절하다

그 순간에 맺는
지순한 눈물은
가장 청정한 물기가 모여 빚어낸
가장 순도純度 높은
보석이다
영혼의 이슬이다.

혼자 젖는 시간의 팡세 · 4
−낮은 길 높이 가기

세상살이에 눌려
무거운 어깨 자꾸 무너질수록
작은 가슴 자꾸만 작아질수록
마음속 한번 훤히 비워 놓고
아주 높은 산 하나 간직하고 살아가자

바람과 구름만 머물다 가는
밤이면 달님과 별님만 노닐다 가는
그러다 하늘과 하얀 살 섞기도 하는
순수무구의 만년설봉 지니고 살자

가는 길 낮고 낮아질수록
그 순백의 눈 봉우리에 눈맞추며
땅에서 하늘 가듯 드높이 살자.

혼자 젖는 시간의 팡세 · 11
-봄 보내기

아, 이 봄날
꽃은 기쁨처럼 가볍게 지고
슬픔은 바위 뿌리처럼 깊고 무겁다네

헤어지는 것들마다 겉으론 꽃미소 보내며
손 흔들고 가지만
돌아서선 가슴 속까지 이슬 맺는 아픔이리

진정 떠날 줄 아는 자만이
돌아올 시간과 그 자리도 알아
자기에게 이르는 길에 서는 것일까

아, 봄철도
만남과 헤어짐이 피고 지는
두 얼굴의 계절이어라.

혼자 젖는 시간의 팡세 · 15
-11월의 이중주二重奏

11월에 오르는 산 숲속에선
아주 나직한
두 가지 소리가 들리네
가을 가는 소리와
겨울 오는 소리

그 소리 한참씩
귀로 들리다가
눈으로 보이기도 하네

그러다
산 아래 풍경에 눈이 가면
보이는 것마다 꽤나 가볍게 보이다가
안 보이는 것에까지 생각이 닿으면
가랑잎처럼 나약한 내 가슴 속에서
무거운 마음 바닷속처럼 깊어지네

나뭇가지마다 떠나는 자의 빈 손길로
쌀쌀한 바람결 흔들며
더욱 쓸쓸한 선율 울려 주네.

혼자 젖는 시간의 팡세 · 16
−나무의 가르침

나무들은 나무랄 데가 없네

사이사이 나쁜 사이
사람들 사이처럼
남을 탓하는 일 없이

말만 많은 만물의 영장처럼
말썽 만드는 일 없이

진정코 하늘을 우러러
낯부끄러운 일도 없이

사이사이 좋은 사이
그런 사이들처럼
오순도순 말없이
말을 주고받으며

바람소리
물소리
자연 음악 틀기도 하며

있으면 있는 대로
없으면 없는 대로
크고 작은 숲 이루며

나무들은 나름대로
잘도 지내네

자연대로, 분수대로 살라고
우릴 가르치네.

혼자 젖는 시간의 팡세 · 21

봄바람에 스러져 떨어지는
꽃잎을 보렴

창유리에 눈물로 맺히는
한 줄기 여름비를 보렴

가을 바람결에 실려 가는
가련한 가랑잎을 보렴

만남보다 더 어려운 것이
헤어짐 아니더냐
사랑하는 것들에게서
떠나는 일 아니더냐

그리하여
목숨 다하는 그날까지
못다한 그리움은 그대로 남아
오늘도 겨울 하늘 허허공공
사무친 듯 날리는 눈발을 보렴
이 가슴 속 다 젖도록
쏟아져 내리는 거 보렴.

가을 아리아

가을엔 떠나리라
가을비에 젖고 있는 가을 나무들과 만나리라
가슴 더욱 쓸쓸하게 소슬바람 담으리라
가랑잎처럼 가볍게 심신을 풀어 놓고
나의 낮고 깊은 데까지
무겁게 젖어 보리라

사무친 사랑의 사연은 아니어도
떨리는 갈꽃처럼 추운 그대에게
단풍잎 같은 마지막 절절한 편지를 띄우리라

가을이 다 가도록 기다리리라
허공에 찢어 버린 작은 엽서 조각들처럼
떨어지는 잎새와 첫눈이 어우러져 흩날리는 날
먼 여행길에서 돌아와 선 나그네처럼
한 그루 겨울나무의 가르침을 배우리라
다 비우고서야 가득해짐을 간직하리라

다시금 미지의 새로운 시간으로 가는
차표를 끊으리라.

가을 레슨 · 6

가을엔 가는 길
생각하게 됩니다
가을비 한 방울에도 갑자기
서늘한 눈 맑게 열리며
온 길 되돌아보게 됩니다

가을엔 가슴도
가다듬게 됩니다
나뭇잎들도 잘못을 뉘우치며
지난 여름을 부끄러워하는 색깔들입니다
부끄러운 것들을 불태우는 눈빛들입니다
보낼 건 보내고
미련 없이 버릴 건 버리는 표정들입니다

가을엔
하늘의 맑은 거울 쳐다보게 됩니다
만남과 떠남과 잃음과 거둠
그리고 남김을 스스로 알게 하시며

남몰래 흐르는 눈물처럼

기도하게 합니다
가슴 가득 감사 기도 드리게 합니다.

가을 눈물

허공중 벗은 나뭇가지에
내리던 비 멎어도
우리의 깊은 가슴으로
떨어지는
가을 눈물

빈 가지 손 흔드는 사이사이
서편의 노을이 보이느냐
꽃구름 스러지는 산마루
기러기 떼도 어디론가 하늘 구만리행行

나그네는
어디쯤인지 알고 싶은 가을 길목에서
아직도 알 길 없는 한 자락 그리움

아, 가을 눈물 방울방울 흔들리는
쓸쓸한 소슬바람
그 음악소리.

가을살이 · 1

가을엔 산 찾아가게 하네
나무들 가까이 만나 보게 하네
푸르던 여름날의 우리 마음 단풍들게 하네
떨어지는 잎 자꾸 다시 보게 하네
눈가엔 몇 번쯤 맑은 이슬 맺게 하네

가을은 깊어갈수록
하늘의 가르치심 배우게 하네.

가을 동정動靜

가을은 참 이상해
잘 안 보이던 하늘 다시 잘 보이고
잊었던 시간의 얼굴들 달처럼 다시 떠오르고
잃었던 시간의 일들 별처럼 되살아나
소슬바람결에 그리움으로 어른거리다가
우수수 창가에 흩날리는 가랑잎처럼
후두둑 창유리에 날아드는 가을비처럼
가슴 안자락으로 자꾸만 찾아들거든
속 깊이 이슬로 맺혀 맑게 적셔 주거든

지나온 길 뒤돌아보며
아주 가깝던 작디작은 것들에게까지
작별의 인사 눈짓으로 멀리 보내며
어디론가 훌쩍 떠나고 싶게 하거든
가을은 참 야릇해, 가을은 정말…….

광릉 숲길에서

비누거품처럼 일었다 스러지는
일상日常의 잡사를 훌훌 털고
시끌시끌 시끄러운 시내를 벗어난 지
한 시간도 채 될까 말까 하다 만난
아, 아직도 자연 그대로인
기적 같은 저 신세계
그 싱싱한 생것들의
그 생생한 질감과 실감

나뭇잎 하나만 떨어져도 굴러도
천둥소리로 놀라 하늘과 땅이 부둥켜안을 것 같은
정적의 끝없는 숲

그 침묵의 순간순간 사이로
태초의 동산에서 들려 오는 듯한
말씀 한 마디—
"아담아, 네가 어디에 있느냐?"

제3부
배달의 겨레 성산 백두산

그것도 아니라면
이 민족의 오랜 고난과 슬픔
그 피맺힌 설움과 아픔의 숨결이
온 산하를 떠돌다 백두대간 정상으로 분출
겨레의 멍든 가슴 위에 고이고 고인
그지없는 한 의 눈물 호수일까

-〈백두산 천지〉중에서

하늘 호수
—백두산 천지天池에 부쳐

전지전능한 창조주께서
지상의 목마른 영혼들을 위해 파놓은
한없는 생명샘의 초대형 우물일까

아니면, 이 나라 푸르른 가을 하늘을 위해
각별히 비축·저장해 놓은
거대한 쪽빛 물감 탱크일까

아니면, 천사들의 몸단장을 위해
비취 에메랄드 오팔 등을 비장해 놓은
지상 최대의 수중 보석 보고寶庫일까

그것도 아니라면
이 민족의 오랜 고난과 슬픔
그 피맺힌 설움과 아픔의 숨결이
온 산하를 떠돌다 백두대간 정상으로 분출
겨레의 멍든 가슴 위에 고이고 고인
그지없는 한恨의 눈물 호수일까

참으로 신비·오묘하여라

보면 볼수록 그 신령한 영기靈氣로 인해
온몸 온 마음 온 정신이
온통 숙연해지네.

백두산 미인송 美人松

백두산 천지를 보려고
그 산자락 길 어디쯤엔가 달리다 보니
길가에 늘씬늘씬한 미인들
우리를 환영하듯 줄지어 섰네

얼굴과 몸, 어느 한구석에도
크림이나 분가루 한 점 묻히지 않은
화장기 없는 천연 그대로의 미인들
비바람, 눈보라에도
사시사철 푸르름 잃지 않는
순도純度 100%의 건강미
무슨 컨테스트라도 열고 있는 것일까

그런 싱그러운 무공해 미인들
우리네 시끄러운 세상사 코웃음치듯
자연 속에 자연 그대로 사이좋게 어우러져
지나는 나그네 가슴 마냥 설레게 하고 있네.

청량淸凉 산정山頂

청량산에 오르니
심신이 다 청량해지네

이런 데선
솔바람 맑은 물 소리가
불로초不老草인가 봐
젊어지다 못해
어린애가 되는구나

하긴 이런 순간에
이승과 저승이 다 무엇이랴
몸도 맘도 훌훌 벗은 듯
자유의 바람이어라

만물이 날개가 돋아난 듯
모두가 나비처럼 나는구나
흐르는 물처럼 흐르는구나.

청량산 갈꺼나

범나비 훨훨 청산 가듯
청량산으로 갈꺼나

마음으로 목마른 사람은
가슴이 답답하고 우울한 사람은
기분이 따분하고 처량한 사람은
청량한 청량산으로 갈꺼나

수고하고 무거운 짐 진 사람도
청량산에 올라 쉬어 볼꺼나

가파른 비탈, 혹은 까마득한 벼랑을 감고 돌며
아슬아슬 오르내리는 산길은
우리네 곤고한 삶의 길이 어떤 것인지를
말없이 일깨워 주고
더없이 맑고 시원한 공기와 물은
자연산 무공해 청량음료라네
그대로 천혜의 생명수라네

열두 봉 등허리 신나게 넘나들며

깊은 골 굽이굽이 돌고 도는 산바람은
산 아래 세상의 온갖 시름과 걱정을
말끔히 씻어 준다네
지친 발걸음 신바람 나게 해준다네.

지리산 특강

우리네 삶의 길은
지리산 오르기나 비슷한 거 아닐까
전라도 쪽에서 떠나든
경상도 쪽에서 출발하든
어느 곳이나 오르락 내리락
골짝도 있고 능선도 있고
코스 따라 날씨 따라
예기치 않는 어려움과
조난을 당할 수도 있고
때로는 목적지까지 무난히 도착
한껏 성취감에 젖기도 하는 거

그러고 보면 세상 종교라는 것도
그와 엇비슷한 거 아닐까
뱀사골로 향하든
피아골을 거치든
조금 수월한 길로 가든
몹시 험란한 코스를 택하든
아주 오래 걸리는 장거리 루트이든
어디나 오르는 길은 몇 가지가 있고

만복대, 반야봉, 노고단, 천왕봉 등
고봉과 영마루도 여러 개가 있는데
거기를 거쳐 최고봉에 다다를 수도 있는 거

그러나 저 산 아래 사람들은
그것을 아는지 모르는지
허구헌 날 자기 코스만 옳다고
서로가 반목하고 비방하고
이러쿵 저러쿵 쿵쿵 입방아
시끌버끌 시끄럽다네.

덕유산 겨울 고사목枯死木

훌훌 다 벗었네
모두 다 버렸네

갈라진 상처 틈 사이로
흘러내린 눈물마저 얼어
고름 같은 고드름 달렸네

매서운 채찍 바람
사정없이 맨살을 휘갈겨도
멀리 드높은 하늘 우러르며
황량한 산비탈을
묵묵히 버티고 서 있네

아니, 저 아랫 세상 걱정스러운 듯
십자가 위의 예수처럼
그저 기도만 드리고 있네

우리를 불쌍히 여겨
용서, 용서를 빌고 있네.

천보산 소풍길

의정부 변두리 천보산 자락에
독일 하이델베르크의 '철학자의 길'보다
더 근사한 소풍길이 있는데
곳곳에 유적지와 약수터도 있어
시민들의 발걸음이 날로 늘어나고 있는데
나 역시 그 길을 산책 삼아
거의 매일 거닐다 오는데
그중에서도 나는 꽃동네에서 오르는
울창한 소나무 숲길을 즐겨 찾는 편인데
그렇게 이리저리 걷다가
약수터에서 생수 몇 모금 마시고
나무 벤치에 앉아 쉬노라면
그간의 세상 번뇌도 우중충하던 심사도
가슴 구석구석 욕심의 찌꺼기들도
어느결에 아침 안개 걷히듯 사라지고
드높은 가을 하늘처럼 마음이 맑아지데
잔잔한 호수처럼 평안해지데.

홍도紅島

천상天上의 어느 공원公園이
여기에 내려왔는가
어느 용궁龍宮의 비원秘苑이
바다 위로 솟았는가
망망대해 명경지수明鏡止水 위에
점지點指 받은 비경秘境의 섬이여

천년千年 가난의 설움도
기둥바위로 버티고
한恨 많은 세월의 비바람도
병풍바위로 막고
남문南門에서
북문北門으로
겨레의 닫힌 가슴을 개항開港하는가

아, 황홀한 천연天然 예술의 절경絶景
바윗돌마다 조각으로 빚어졌어라
거북이, 낙타, 원숭이, 제비도 보이네
주전자, 부부상夫婦像, 좌불상坐佛像도 있네.

홍동백紅冬柏은
달뜬 섬처녀의 진다홍 치마폭빛 사랑일까
백동백白冬柏은
망부亡夫를 그리는 여인女人의 옥양목빛 사랑일까

아리따운 요정妖精의 풀 풍란風蘭이여
그대의 그윽한 향기 또한 어디에 비기리

백 50여 가구家口 주민들의 가슴은 언제나
출항出帆의 뱃노래
파도의 합창 속에 만선滿船의 소망
실금리굴 속으로 오늘의 어둠을 밀어내려
무한한 내일의 바다에 푸른 꿈을 노젓네

아 바다 위의 보석寶石이여, 지복至福의 섬이여
저녁이면 지는 태양에
자신의 온몸 뿌리까지 불사르다
바다 위의 숯불처럼 사위며 잠이 들고

아침이면

상서祥瑞로운 깊은 꿈에서 깨어나듯
안개 걷히는 양산봉陽山峰, 깃대봉 마루 위로
천길 바닷속에서 빛을 다시 점화點火시켜
새로운 태양을 길어 올리는

아, 신비神秘의 섬
홍도紅島여, 홍도紅島여!

고향故鄕

세상일 고되고 시름겨워
몸져눕고만 싶을 때
차라리 차창에 기대어 백 리 길
고향엘 간다

산 깊으면 그늘도 깊다던가
큰 나무는 그림자 또한 크다던가
이런 생각 저런 생각 떠올리면서
이왕이면 조상의 산소가 있는
가파른 산언덕으로 먼저 가서
이런 풀 저런 나무들도 새삼 눈여겨
보며
이건 이름이 뭐더라
저건 또 이름이 뭐더라
알듯 말듯한 이름의 풀과 나무들
그들이 이룬 숲의 의젓한 조화와
만나도 보며

나도 별 이름 없는 저들 중의
하나일진대

난 왜 이리 괴로와 하는가
난 왜 이리 헛헛해 하는가
곁의 나무만도 못한 것 같은
나를 나무라기도 하고

말 없는 아버님 무덤가에 가선
한恨뿐이던 그분의 한 생애에
내 한세상 얹어 보기도 하고

돌아오는 길, 해그림자 질 즈음엔
호젓한 냇가라도 거닐며
고향돌 하나 가방에 줏어 넣고
졸졸 흐르는 물에
발 담그고 손 담그면
몸 마음앓이 어디로 갔나

청심환 같은
물맛
바람맛
나를 반겨주네

다리에 다시 힘이 오르네.

풀과 나무 곁에서

이 세상 사는 데는 사람보다
풀과 나무들이 훨씬 훌륭한 득도를 했지

음지든 양지든
비탈이든 바위틈이든
태어난 그 자리 그대로
더 가지려는 것도 없이
땅님 하늘님이 주신
자연 그대로 그냥 그렇게
때아닌 비바람, 설한풍에도
언제나 군소리 하나 없이
시달릴 만큼 시달리다가
의연히 시련을 견디며 잘도 살거든

그런데 갖은 재주 고루고루 갖춘
아, 잘난 만물지영장萬物之靈長들 보게나
간교 간사 간악하기 그지없는 인간들 좀 보게나
언제 어디서나 조그만 일에도
시시콜콜 시시비비
허구헌 날 시끌시끌

산과 강으로 메워도 부족한, 끝없는 욕심의 바다를 헤엄치며
 늘 싸움의 만파를 일으켜
 물결 잘 날 없네 그려

 그래서 나는 오늘도
 풀과 나무 옆에 서서
 부끄러움을 금치 못한다오
 잘나긴 커녕 못나도 한참 못나
 오히려 얼굴을 못 든다오.

나무 · 1

나무들은 종교도 필요 없지
아무런 죄짓는 일 없기 때문
사람들처럼 뻔뻔스럽게
저 세상 욕심까지 안 내기 때문.

나무 · 2

나무들은 소화제 같은 거 먹는 일 없지
과식하는 일 없기 때문
사람들처럼 남의 것도 마구잡이
뺏어 먹는 일 없기 때문

가을 레슨 · 5

가을이면
나무들은 그림을 그리는가
빨강, 노랑, 다갈색……
조화로다, 조화로다
황홀한 색감의 조화여

가을이면
나무들은 시를 쓰는가
소슬바람에
한 잎, 두 잎
스스로를 하나 둘 떨구어 가며
가는 세월의 시를 쓰는가

가을이면 산과 들은
시화전을 여는가
보이지 않는 손길의 붓과 물감과 글씨로
그림과 시를 이루곤
우리의 가슴까지 캔버스로 만드는
감동적인 예술가가 되는가

그래서 우리는, 가을이 다 가도록
가득한 느낌의 시간에 젖어 살다가
겨울바람이 오는 길목에서
가슴 설레며 울먹이는
마지막 수업의
학생이 되는가.

가을 소나티나

가을도 다 갈 때쯤
거울을 깊숙이 들여다보면
내 얼굴은 가진 것이 없다

한여름 내내 정겹던 이야기들도
뜨겁던 그 노래들도
가랑잎처럼 덧없이 흩어지고
빈 나무 맨살 가지에
차가운 가을 빗방울

밤 깊을수록
나 혼자만 덩그라니 남겨 놓고 가버리는
썰렁한 쓸쓸바람

아무런 떠날 준비가 안 된 나그네의
담배 연기

저다운 색깔로 차분히 익은
늦과일 몇 개라도 남겨 놓고픈
이 계절에

가지고 갈 것도, 남기고 갈 것도 없이
빈 들녘, 빈 곳간, 빈 호주머니뿐인
아, 나는 빈 손의 길손인가.

가을 가는 가랑잎

늦은 가을 찬바람에
갈 길 서두르는가
가랑잎
가는 소리

−자 모두들 겉차림을 벗으세요

어쩌다 남은 몇몇 잎마저
떠나는 손길, 아직 남아 있는 손끝
꼬옥 잡았다 놓듯
서로 뺨에 입술 부비듯
긴 인사말로 떨리다

끝내 허공중 헤매는 바람에
다시 손 놓치고 흔들리다

식은 땅, 마른 흙바닥 위에
못내 아쉬운 마지막 한마디처럼
몸부림치며 떨어지는
가을의

끝
가는 가랑잎

-자 모두들 속차림도 비우세요

발걸음은
가랑잎보다도 가볍게
마음은
가을 하늘보다도 맑게

떠나세요
떠난다는 생각도
떠나세요

가을 가슴

가을엔 그렇게 가야 하리
가슴 가득 빈 수평선으로 열어 놓고
가랑잎처럼 가뿐한 걸음으로 가야 하리

슬픔이나 외로움 천 길 바다보다 깊어지지만
푸른 하늘 더욱 드높이 푸르를수록
더욱 절절한 그리움에 젖으며
꿈꾸는 나그네처럼 설레며 떠나야 하리

가다가 어느 햇살 바른 산천에 이르러
행여 그리운 그대 그림자라도 만나면
비로소 마지막 단풍잎처럼 타오르리
마침내 나를 불사르리.

산정山頂의 길

불어 불어 바람은 어디로 불어갈까
흘러 흘러 구름은 어디로 흘러갈까

산은
삶을 가르치는 자연학교
그 교실에 이르는
자연스런 계단

높아도 낮은 듯
낮아도 높은 듯
얼마를 오르고 올라야
참다운 삶의 산정에 다다를까

마침내
그 정상에 이르러
바른 길에의 정답과
만날 수 있을까.

세상이 섭섭하거든

세상이 섭섭하거든
그래서 사람들이 밉고 싫어지거든
눈 내리는 겨울날
하얗게 지워지는 발자국을 뒤로 남기며
한적한 들판이나 산길을 걸어가 보라
그러다 어느 숲에 머물러
그 한없는 고요의 속삭임을 들어보라

하얀 눈이 하늘에서 하늘하늘 내려와
맨살의 추운 가지들을 쓰다듬기도 하고
미처 떠나지 못한 가엾은 잎새들과
다정히 볼을 비비기도 하며
천사의 순결한 숨결로 소곤거리는
자연의 자장가 소리가 들리나니

그러다 보면
사위의 모든 것이 친화의 물결로 일렁이며
어느덧 슬픔과 고통, 그 원망까지도
눈처럼 스르르 녹아 어디론가 사라지나니

'미움을 미워하고
사랑을 사랑하라'는 말씀들
가슴 속에 흐르는 짜릿한 전류처럼
감미롭고 다소곳한 복음으로
마음 깊은 곳에서 들려 온다네.

산山 사랑

산을 사랑하네
산의 풀과 나무나 바위는 물론
맑은 물소리, 바람 소리 더욱 사랑한다네

산도 나름대로 고운 산 미운 산
같은 산에도 오르락 내리락 열두 구비
구비마다 골짝도 능선도 많지만
자주 만나다 보면 모두 다 좋아진다네
다 친해진다네

산의 높음과 깊음도
다 사랑하게 된다네

그곳의 말 없는 가르침도
자연히 배우게 된다네.

가을 감성感性

계절은 어느 날 갑자기
가을로 다가와
신명난 화가처럼 느닷없이
온 산천에 그림을 그리고 있지
곳곳에 걸작을 만들어 놓고
짙은 감동을 안겨주기도 하지

그러다가, 마치 전시회라도 끝나버린 듯
소슬바람 더욱 쌀쌀해지는 11월도 끝날 때쯤이면
지상地上으로 떨어진 낙엽들과
하늘만 흔들고 있는 빈 나뭇가지들
넌지시 가리키면서
떠나며, 버리며 가는
길
그 맑은 길을
말없이 가르쳐 주고 있지

그 옛날 선생님의 말씀처럼
다시금 일깨워주곤 하지.

봄 나들이

바람 부는 대로 바람처럼

물결치는 대로 물결처럼

그렇게 닥치는 대로 나다니다

버들개지, 개나리, 목련꽃도 만나보고

진달래, 철쭉, 복숭아, 살구꽃과도 어울려보고

그렇게 산길 들길 온통 꽃동네

내키는 대로 봄나들이 즐기다

어느 곁에 불덩이처럼 달아오른

영산홍 계집애와 은근 살짝 눈이 맞아

살짝꿍 이 가슴에 산불을 질러 볼까

마지막 남은 봄바람 몽땅 일으켜

황홀한 불바다에 돛을 올려 볼까

숨이 끊어지도록 노를 저어 볼까.

덕현리 가을

청평에서 현리 쪽으로 조금 가다 보면
산수가 그럴싸하게 어우러진
덕현리란 동네가 나타나는데
나같이 부덕한 사람들
이곳에 머물러 세속의 때를 씻으며
덕부터 쌓으란 뜻일까

오늘도 녹수천 맑은 냇물은
여인의 곱게 빗은 생머리결처럼
마을 앞을 흘러가는데
날마다 물가에 나와 세월을 낚던 노인
오늘은 하루 종일 보이지 않네

어느덧 가을은 깊어 냇가의 나뭇잎들도 우수수
소슬바람 따라 물결 따라
어디론가 떠나가네.

바람의 콘서트

바람이 살고 있는
깊은 산 숲속에 들어서면
각양각색 나뭇가지들과 잎새들이
연주하는 음악소리가 들려요

바람이 노닐고 있는
조용한 숲속에 앉아 있노라면
아득한 꿈의 세계를 넘나드는 듯한
세미한 화음의 노래가 들려요

내 가슴 속의
거친 세파의 물결을 잠재우듯이
아주 잔잔한 자연음의
저 세상 자장가 들려요.

겨울 빈락貧樂

이젠 보이네
빈 나뭇가지의 아름다움도

싱그러운 이파리와, 향기로운 꽃송이와
감미로운 열매의 봄 여름 가을 나무도 근사하지만
그 모든 것들을 다 떠나보내고
텅 빈 들녘 같은 가난 속에
아득한 지평선 같은 외로움만
안으로 삭이고 삭히며
혈혈단신처럼 서 있는 나무

맨살에 이는 추운 바람 속에
더 이상 가질 것이라곤 없는
그 빈 가지들이 연주하는
청빈한 나신裸身들의 어우러진
그 고요

이젠 비로소 그런 것들이
순결한 눈짓으로 다가온다네
아름다운 추억의 물결처럼
가슴 깊숙이 젖어든다네.

나무 같은 사람

찾아가면 언제나
기다리듯 그 자리에 서 있는 나무

바람 불면 같이 흔들리고
눈비 오면 먼저 맞아주고
여름날 불볕 쏟아질 땐
시원한 그늘 펴주며
지친 발길을 쉬어가게 하는 나무

그런 나무 같은 사람은 없을까
그렇게 사시사철 변함없는
소나무 같은 길벗은 없을까
아니, 이제라도
나부터 그런 존재로 거듭날 수는 없을까.

가을의 저편

가슴에 소슬바람 소슬하고
온 거리에 낙엽이 흩날리면
누군들 스산한 발걸음으로
서성거리지 않으랴

어느덧 서녘 하늘도
마지막 사랑, 그 이별의 절절한 순간처럼
젖은 눈시울 붉게 물들이고 있는데

이제 가을도 저편으로 기울고 나면
텅 빈 겨울 들판의 한 그루 나무처럼
그 춥고 쓸쓸한 그림자처럼
시린 가슴 썰렁하지 않을 사람 누가 있으랴
그렇게 혼자이지 않을 사람
어디 있으랴.

소슬바람

가을 산에 가면 들리네
안 들리던 것도, 잎새에 부는 바람소리처럼
자연스레 들린다네

가을 바다에 가면 보이네
안 보이던 것도, 파도의 하얀 물보라처럼
새삼스레 보인다네

가을날 산이나 바다에서
가슴에 소슬소슬 소슬바람은 불어오고
물음표처럼 점점 고개 숙여질 때면
겨울로 가는 혼자의 길도
그 호젓한 발걸음 소리도
비로소 보이고, 저절로 들린다네.

진달래 진다네

한 세상 살다 보면
연분홍 봄볕이 겨우 몇 날이더냐

오시는 듯 가시는 임처럼
어느덧 봄날은 서둘러 기울고
한 잎 두 잎 시나브로
진달래꽃 진다네

비바람 매정한 채찍에
가엾이 떨어지는 꽃잎들
찢어지는 가슴으로 울음 삼키며
눈물강에 꽃상여 떠가듯
어디론가 흘러간다네.

제4부
중국의 5악 중 제일 황산

어느 누가 이 황산의 진면목을
지상의 다른 산들과 비교해 말하리오

위대한 창조주가 비장의 보물처럼
거대한 구름 보자기로 쌌다 폈다 하며
보여주는 신비의 별천지
천상의 선경仙境, 바로 그것이구료.

-〈황산 별곡〉 중에서

황산黃山 별곡

황산을 보고 나면
다른 산이 보이지 않는다더니
정말 그 말이 맞네그려

산지사방 어디를 둘러 봐도
아슬아슬 아찔아찔한
기암괴석의 까마득한 절벽 위로
기기묘묘한 만물상 퍼레이드

무슨 조화로 세상 명산의 진품들이
여기에 다 진열됐을까
당나라 시선詩仙 이태백도 주봉主峰을 가리켜
"사천 길 바위 벼랑 위에 피어난
연꽃 연화봉"으로 비유, 칭송했거니

아, 동서남북으로 그지없이 펼쳐진
광대무변의 운해 속에
황홀한 절경의 파노라마
오죽하면 나 같은 이방의 나그네들은
그 눈부신 비경에 홀려 사진 찍는 것도

잠시 잊었거늘

어느 누가 이 황산의 진면목을
지상의 다른 산들과 비교해 말하리오

위대한 창조주가 비장의 보물처럼
거대한 구름 보자기로 쌌다 펼쳤다 하며
보어주는 신비의 별천지
천상의 선경仙境, 바로 그것이구료.

황산 연인송恋人松

황산을 오르다 보면
어마어마한 스케일의 오묘한 연봉의 산세와
오싹오싹 아찔아찔한 협곡으로 인해
누구나 탄성이 저절로 터져 나오는데
그런 기기묘묘한 암봉들 말고도
아주 특이하고 야릇하고 희한한 모양새의
소나무들도 즐비하데

등산로 초입엔 늘씬늘씬한 팔등신 미인송들이 늘어서서
고혹적인 자태로 이 가슴을 설레게 하더니만
산마루에 올라 능선 길 따라 이리저리 둘러보니
영빈송, 선인송, 화엄송, 망부송 등
이름도 생김새도 별난 소나무들이 수두룩

그러나 그 중에도 유난히 내 시선을 끄는 게 있어
가까이 다가가 이름표를 보니
연인송(Lover's Pine Tree)이렸다!

누가 찰떡궁합 아니랄까 봐
두 몸이 한 몸처럼 엉켜 있는데

늘 황산의 정기를 받으며 살아온 때문일까

사시사철 하루 한 날
시도 때도 없이
사랑 중이니
부럽다 못해 배가 아프려 하네
그러나 사람이 항상 저렇게 산다면
과연 행복할까 싶기도 하데.

로키 시네라마

눈이 감긴 채 떠지지 않는 사람은
캐나다 로키에 와 보라
입이 다물린 채 벌어지지 않는 사람도
로키에 와 보라
가슴이 꽉 닫힌 채 열리지 않는 사람도
로키에 와 보라
아직도 욕심의 비곗살이
마음속에 숙변처럼 붙어 있는 사람도
로키에 와 보라

와서, 해발 2천 3백 미터의
산간 하이웨이를 달려 보라
와서, 비경의 산자락을 병풍처럼 두른 채
에메랄드 보석처럼 반짝이는
수많은 호수들을 보라
와서, 깊이 3백 미터의 대빙원 위를
거닐어 보라
와서, 광대무변한 만년설 연봉의 상공을
날아 보라
와서, 대륙이 용트림하는 거대한 산맥의

파도를 보라

아, 눈과 입이 저절로 확 열리고
가슴 속에서 지진이 일어나는
공포의 천지개벽을 보리라
위대한 천지 창조의 현장을
목격하리라.

세 자매 봉

옛날 옛적 깊은 산골에
아주 예쁜 세 딸이 살았더래요
어느 날 이 사실을 알게 된
산 너머 대궐의 고약한 임금님이
흑심이 생겨 납치해 가려 하자
어느 마술장이 할머니가 나타나
그네들을 세 개의 바위 봉우리로
만들어버렸더래요
이에 불같이 화가 치민 포악한 왕은
그 할머니를 단칼에 죽여버렸더래요
그리하여 세 자매는 불쌍하게도
다시는 사람으로 환생하지 못하는
원통한 신세가 되고 말았더래요

이같은 애달픈 전설을 지닌
*블루 마운틴의 세 자매 봉
그네들이 마주 뵈는 '에코 포인트' 전망대에 서면
오늘도 '쿠이 쿠이'(살려주세요!) 하며
애절하게 울부짖는 듯한 소리가
나그네 가슴 속으로 메아리쳐 오는 듯하데요.

* 블루 마운틴은 호주 시드니 중심가에서 약 100km 쯤에 위치한 유명한 관광지.

가을 그리고 겨울

가을이면 가네요
그대와 나도
누구나 떠나가네요

산과 들의 나무들마다
한 잎 두 잎 띄우는
세상에서 가장 작은 편지
아니, 제일 곱고 예쁜 편지
그러나 바다 같은, 하늘 같은
간절한 사연들을 읽으며
나도 그대처럼
하나 둘 주저없이 내려놓네요.

그렇게 우린
절절한 이별의
준비를 하네요.
겨울로 떠나는 길을.

가을 저녁 비

누군가 먼 길 떠나고 있네요
가을 저녁 고즈넉한 들길의 빗소리
빈 나무 시린 가지 허공을 휘저으며
소슬바람으로 흐느끼고 있네요

누군가 멀리서 부르고 있네요
가랑잎에 내리는 가랑비 소리처럼
가슴 안자락 깊은 구석구석까지
떨리는 손끝으로 노크하고 있네요

떨어진 나뭇잎, 그 상처에 고인 빗물처럼
누군가의 슬픔 이슬 같은 눈물로 다가와
내 영혼까지 적시고 있네요
자꾸만 나를 울리고 있네요.

가을도 가는데

끝내 저 고난의 언덕에 올라서야
비로소 끝이 보이는 건가요
비로소 그 다음도 알게 되는 건가요

그렇다면 아직도 내가 가야 할 길은
어디까지인가요
아직도 내게 남은 시간은 얼마쯤인가요

영원한 잠 이미 대기하고 있어
요즘 밤마다 짧은 잠만 주시는 건가요
우리의 만남과 어우러짐 엊그제 같은데
어느덧 봄.여름.가을은 시들고
끈끈한 인연의 청청하던 나뭇잎들도
소슬바람에 한 잎 두 잎 떨어지며
쓸쓸히 작별 인사를 하네요
빈손을 멀리 아득히 흔드네요

아쉬움과 미련은 아직도 남았지만
한 세기의 마지막 가을은 가랑잎처럼 가볍게
어서 가자네요, 또다시 떠나자네요

가을 울리네

가을바람은
가랑잎을 울리네

가랑잎은
가는 세월을 울리네

가는 세월은
가는 나그네를 울리네

아, 가을은 이다지도
이 가슴을 울리네.

고사목枯死木 · 2

눈이 하얗게 쌓인
음산하고 황량한 겨울 산야
매섭게 찬바람이 세차게 불고 있다
쓰러질 듯 흔들리는
한 그루 고사목枯死木

나는 그 나무를
이정표처럼 지켜보며
흰 설모를 쓴 채
떨고 있네.

낙엽의 귓속말

낙엽들이 속삭이네
당신도 머지않아
저희 같은 신세가 된다고
소슬바람과 어울리며
남의 말처럼 소곤거리네

깊어가는 길 가을 길
그 길가에 서성거리는
저 빈 몸 가로수들처럼
지난 봄 · 여름의 아쉬움과 미련도
다 벗어버리고
조용히 작별의 시간을 가지라며
충고하네

누구나 떠나는 홀로 가는 길
쓸쓸하고 추운 겨울 길을
차분히 채비하라며 귓속말하네.

단풍잎

석양 눈부신 단풍나무 언덕

소슬바람에 날려 오는

빨간 잎 하나

내게 떨어지는

흔들리는

떨리는

그대의 매혹적인

루즈 입술.

가을밤 휘파람

깊은 가을밤
허전한 옷 벗은 나무숲

소슬비 내려 기온 뚝
떨어지는 낙엽들이
빗물에 젖는데

어디서 누구의 애간장 울리나
입속말인 듯, 귓속말인 듯
구
슬
픈
휘파람
소
리.

어느 날 나는

산에서, 나를
하나 둘 꺾어 본다

나뭇가지처럼 약하다

산에서, 나를
하나 둘씩 떼어 본다

풀꽃처럼 약하다

산에서, 나를
하나 둘씩 던져 본다

눈송이처럼 약하다

산에서, 나를
하나 둘씩 띄워 본다

물처럼
구름처럼
덧없이 떠나간다.

제자리 뛰기

조금이라도 높이 뛰어야
멀리 보이느니

세상 사는
마음의 군살도 빠지느니

나그넷길의
다리도 튼튼해지느니

이른 아침
산정山頂에 올라
겨울나무처럼 외로와도
제자리 뛰다 보면
맑은 눈 열리느니
더러운 귀도
깨끗이 씻기느니

비록 혼자일 뿐
아무도 봐주는 이 없어도
나 정도에 맞을 만한 자리에 서서

조금 힘은 들어도
계속 높이 뛰다 보면
좀 넓게도 보이느니
좀 다르게도 보이느니

너무 넓고
너무 깊고
너무 멀어서
아주 보기 힘든 것도 조금씩은 보이느니
그런 공간 속의 낮고 낮은 나도 비로소 보이느니

이른 아침마다
산정山頂에 올라
제자리를 뛰다 보면
마을의 가벼운 소리들과
무덤의 무거운 얘기들과
하늘의 큰 말씀들이, 같이
정답게 들리기도 하느니

비로소 들리고 보이느니.

아침 시력視力

시력視力이 좋아라
이른 아침 산정山頂에 서면
나의 눈은 적중的中하는 화살처럼
빠르고 정확하고
시계視界는 끝없이 넉넉하고

사사로운 심신心身의 곤혹도
어둡기만 하던 간밤의 번뇌도
금발金髮의 햇살에, 약수藥水처럼 시원한 바람결에
어느덧 이슬처럼 스러지나니

저만치 제가끔 늘어선 단신單身의 나무들도
가까이서 하나씩 만나보면
저마다 의젓한 개성個性
조용한 정리整理
본래의 외로움을 살고 있는 단정한 사생활私生活이네
아 비탈도 다스리는 슬기의 나무들이고녀

가을이나 겨울바람에
무수히 떨어져 내린 잎새들도

실은 열심熱心인
본래의 안살림의 밑거름으로 가나니
산山 아래 마을까지 깊숙이 자리한
보이지 않는 산정山頂의 뿌리여

아 이 시대時代, 이 계절에
소중한 건 건각健脚의 아침 나들이
날마다 다시 떠나 보는 눈
높이 높이 올라 멀리 바라보는 눈
건강한 시력視力이어라.

자기 낮추기

산에 가면 빌게 됩니다
내가 헤엄치며 헤매던
시내를 뒤돌아보며 비옵니다

나무에게도 빌고
바위에게도 빌고
하다못해 한구석 이름 없는
풀 이파리 앞에서도 빌고 싶어집니다

뭐 나를 잘되게 해달라고
소원 같은 것을 비는 것이 아니라
뭔가 어지간히 잘못한 것 같아서
뭔가 한없이 부끄러운 짓 벌인 것 같아서
용서를 빌듯 빌고 비옵니다

그러고 나면 가슴은 빈 들녘이 됩니다
마음의 이랑이랑 맑은 물이 흐릅니다
비 오는 날은 비가 와서
바람 부는 날은 바람 불어서
그저 좋은 날로 다가오기도 합니다

밉던 사람들까지 예쁜 쪽만 보이고
세상 구석구석 잘못된 것도
내 탓으로 돌려지고
저 천연스런 돌이나 나무처럼
적어도 하루에 몇 번은
자연의 한 부분으로 한결같아집니다

가을 에필로그

들 길, 산길, 물길
알 길 없는 인생길에
어느덧 계절은 기울어
가을비 소슬바람에
나뭇잎들 우수수

들과 산의 빈털털이
나무들, 그래도 뭔가
아쉬움이 남은 듯
뒤돌아보고 또 돌아보며
쓸쓸히 겨울 길로 접어들고 있네.

겨울 엽신

겨울이 점점 깊어가는데
그대 어떻게 지내시는가
요즘도
지난 봄 여름 가을 못 잊어
자꾸만 뒤돌아보며
길 위에서 서성대시는가
아직도 그렇다면
저 추운 길가에 늘어서 있는
맨몸의 겨울나무들을 배우시게
가슴 속에 여전히 남아 있는
아쉬움과 미련의 잎새들부터 내려놓으시게
허공 깊이 얼기설기 뻗어 있는
헛된 욕심의 잔가지들과도
이제는 작별을 고하시게
마지막 여행을 떠나는 나그네처럼
기약 없는 이별을 준비하시게.

낙엽의 수목장

늦가을 해 질 무렵
한 노인이 빗자루를 들고나와
낙엽을 쓸고 있네

바람에 흩어지지 않도록
조심스레 쓸어 모으더니
마치 불쌍한 낙엽들을
제 에미의 품으로 돌려보내듯
나무 밑 부드러운 땅에
묻어 주고 있네

사람도 때가 되면
누구나 낙엽이 되는 거

이왕이면 우리도 저처럼 자연스레
본래의 뿌리로 돌아간다면
얼마나 좋을까.

저녁 종소리

어느 늦가을 해 질 무렵
심심산중 적막무궁

점점 깊어지는
산 그림자
어디선가 아슴프레
들려 오는 아득한
종소리

소슬바람에 실려
첩첩산간 돌고 돌며
오는 듯 가는 듯 떠도는
외딴 산사山寺의
그윽한 종소리

그 은은한
메아리……

늦깎이

젊은 시절엔
아니 40대 초반까지도 나는
높은 산마루에 홀로 서 있는
근사한 나무이고 싶었지
아니 나를, 그렇게 고고한 나무라고 생각했지

그런데, 이만큼 나이 기울도록 살다 보니
나는, 혼자 높이 있음의 외로움보다는
숲의 조화를 이루는 무수한 풀과 나무들 중
아름다운 한 그루 나무, 그 외로움이고 싶다네

그래야 됨을 이제야 깨우쳤다네.

비천목飛天木
−스승 H 시인詩人께

시대時代의 어두운 산하山河를 돌아보며
하숙下宿하는 살림의 단지團地들을 둘러보며
참다운 죽음의 삶을 위해
슬기의 눈을 멀리 투망投網한 채
무량無量한 의미意味의 잎새들을 헹구는
영원의 안마당으로 뿌리를 내리는
큰 키의 나무여

사시사철, 낮과 밤
순간 속에 동트는 무시간無時間을 내통內通하며
삼라만상 깊은 인연因緣의 은하를 노저으며
진한 영양營養의 수액樹液을 길어 올리는
노동勞動의 뿌리여, 영원한 뿌리의 노동이여

당신께선 듣고 보셨겠지
불안한 안개 속의 야영지野營地에서도
지친 병사兵士 위에 내리는 싸늘한 어둠에서도
바람 찬 밤, 창살에 꼭 낀 내 친구의 얼굴에서도
초겨울 밭, 서리 내린 살림의 쓰레기에서도
산비탈 철조망 밑, 꽁꽁 얼어붙은 관념의 돌멩이에서도

당신께선 듣고 보셨겠지
차단된 산하山河의 지심地心을 뚫으며
깊은 관련의 사랑으로 연락하는 운하를
그 운하에 내리는 은하수銀河水의 이야기 소리와
은빛 나는 지음和音의 눈가루를
그 깨침의 묵시默示를……

큰 날개의 나무여
영원한 사랑의 불심지를 켠
밝은 눈의 등대燈臺여.

태산 유감 有感

중국 산동성의 태산이 그 나라에서
제일 높은 산은 아니라지만
어느 산보다도 높이 받드는
중국 동방의 신성한 산이라기에,
그리고 온갖 유적들이 즐비한
역사 문화 박물관이라기에
나로서는 꼭 한 번 가서 보고픈
뫼였어라

그래서 어느 날
속진의 답답한 서울을 벗어나
설레는 가슴으로 태산의 정상
그 부근에 이르렀는데
아니, 이 어찌된 일이고!
여기가 그 유명한 산의 정상인지
저 속세의 시장 바닥인지
그야말로 인간의 욕심이
산보다 더 높아져
기대했던 그 숭고한 산의 모습은
찾을 길 없어라!

예로부터 내려오는 말인즉—
생전에 태산에 오르면
무병장수는 물론
죽어서도 신선이 되어
이 산에 와 산다고 했다는데
어쩌다 그 전설 같은
산의 진면목은 간데없고
도떼기시장 복마전이
되었단 말인고!

한계를 모른 가증할 인간의 욕망이
태산 같음을 그대로 보여주는
그런 태산이어라!

우울한 일지 · 7

모두 다 헤어져 잠든
텅 빈 겨울밤의 숲
빈 나무의 시간

달빛마저 빛물결 거둘 즈음
내 그림자 소리만 들리는가

밤 이슥할수록
혼자라는 사실 혼자 실감하다
새벽 산길 나서서 보면
이마 위의 얼음바다 같은 겨울 하늘
내 피곤한 눈에 젖어 들며
가슴 속까지 시리게 하누나.

날고 싶은 겨울나무 · 1

두고 왔나
다 버리고 왔나
덧없는 세월의 강물 위에
그 무엇을 흘려 보내고 왔나
소중한 그 무엇을 다 이별하고 왔나

하얀 눈 하얗게 잠든 새벽 들녘에
멀고 먼 여행길에서 지쳐 돌아온
빈손의 길손처럼
혈혈단신 서 있는 나무여

그래도
서슬바람에 맨살 가지 날개치며
흐르는 시간 그 너머로
훌쩍 뛰어넘고 싶은 나무여
날고 싶은 겨울나무여.

고사목枯死木 · 3

나무는 서서 죽는가
죽어서까지 하늘을 향하는가

죽을 때도 살 때와 같은 자세 그대로
긴 세월 묵묵히 서서
서서히 가지에서 뿌리까지 온몸을
마지막 살과 뼈까지 삭혀서
하나도 남김없이 주신 곳에 바치는가

나무여, 사람보다 고상한 나무여.

날고 싶은 겨울나무 · 2

가을길 따라가다 가진 것 그나마
어디에 다 주고 떠나왔나
빈 가지는 남겨 가지고
겨울 가는 나무여, 나그네야

속 깊은 외로움의 뿌리만
더욱 깊숙이 뿌리내리며
엄동 추녀 끝의 고드름처럼 자라고
겨운 겨우살이 눈물겨워
그 옛날 그 시절 그리워질 때마다
시간도 넘고 공간도 건너며
꿈속처럼 신나게 날아 보고도 싶겠지만
도요새처럼 저 멀리 날고도 싶겠지만
털 다 빠진 날개 파닥여 본들 무슨 소용 있으리
황량한 겨울 들판 바깥바람에
앙상한 가지살만 찬바람 맞기지.

나목裸木 앞에서

소슬바람이 불고 있다
여인이 옷을 벗고 있다
속살을 웅그리며
속옷까지 바닥에 던지고 있다
빈손으로 내 옷소매 당기며
마지막 비밀까지 벗고 있다.

동박새 타령

동백나무가 좋아
그 숲에 사는 새

덩치는 비록 작지만
해충을 사냥해 주식主食을 삼는
숲 속의 정의의 기사
생김새도 수수한 듯 세련된
멋쟁이 새

수컷은 암컷의 깃털까지 손질해 주고
임신 중엔 꽃꿀 물어다 영양 보충시켜 주고
항상 둘이는 동백꽃빛 사랑
금슬 좋기로도 소문나 있지

늘 제 터전을 철저히 지키고
맡은 바 일 알아서 열심이고
아무리 세찬 바닷바람에도 날마다 감사한 날
찬송 같은 노랫소리 끊일 날 없지

그런데 사람들 좀 보게나

아니, 우선 나부터도 그렇지
어디 조그만 동박새만이나 한가.

산과 나무와 바람

초판 1쇄 · 2021년 1월 1일

지은이 · 채희문
펴낸이 · 이형로
펴낸곳 · 도서출판 황금마루

출판등록 · 제2010-000158호
주　소 · 우편번호 10510
　　　　경기도 고양시 덕양구 능곡로 30-11, 103-2503
팩　스 · 031-979-9908
전　화 · 010-5286-6308
이메일 · iplee6308@hanmail.net

값 · 13,000원
ISBN · 979-11-88021-15-4

※ 이 책의 내용은 저작권법에 의해 무단 전재 및 복제를 금합니다.
※ 인지는 저자와 협의하여 생략합니다.
※ 잘못 만들어진 책은 교환해 드립니다.

채희문 신작 육필시집
소슬비
황금마루

채희문 산문집
고목에 꽃 피우기
황금마루

시집 잘못 간 시집
채희문 마지막 시집?
황금마루

채희문 이삭 줍기 시집
The Stupid Bird
바보새
ALBATROSS
황금마루